LE

DESARMEMENT

EUROPÉEN

PARIS. — IMPRIMERIE SERRIERE ET COMPAGNIE, 123, RUE MONTMARTRE.

LE
DÉSARMEMENT
EUROPÉEN

PAR

ÉMILE DE GIRARDIN

> « Tant qu'on se battra en Europe, cela sera
> « une guerre civile. »
>
> « A la paix, j'aurais amené tous les souve-
> « rains à n'avoir plus que leur simple garde. »
>
> NAPOLÉON Ier.
>
> (*OEuvres de Napoléon III*, t. 1, p. 23.)

PARIS

MICHEL LÉVY FRÈRES, LIBRAIRES-ÉDITEURS

2 *bis*, RUE VIVIENNE.

BADEN-BADEN — LIBRAIRIE DE MARX

—

M DCCC LIX

LE
DÉSARMEMENT
EUROPÉEN

Baden-Baden, 19 août 1859.

I

— Qu'est-ce que la guerre?

— C'est un mal nécessaire.

— Nécessaire à qui? nécessaire à quoi?

Je défie qu'on le dise! je défie qu'on trouve pour démontrer la nécessité de ce mal autre chose que des phrases vides, ou des lieux communs ; je défie qu'on trouve un argument qui soit seulement spécieux et à peu près plausible! Si je me trompe, je prends l'engagement de me convertir à l'inconséquence de Joseph de Maistre, de ce blasphémateur de la raison divine qu'il reconnaît, mais qu'il n'élève au-dessus des cieux que pour la faire tomber plus bas que la raison humaine qu'il ne reconnaît pas (1).

---

(1) « La guerre est divine en elle-même, parce qu'elle est une loi du monde.

» La guerre est divine dans la gloire mystérieuse qui l'environne et dans l'attrait non moins inexplicable qui nous y porte.

Pour échapper à l'impossibilité de la réponse, on éludera : on distinguera entre la guerre offensive qu'il est d'usage de condamner et la guerre défensive qu'il est d'usage d'absoudre. Capitulation de conscience ! capitulation de controverse ! Cette distinction, pour être banale, n'en est pas plus fondée, car isolément et par elle-même la guerre défensive n'existe pas; elle serait un effet sans cause. Sans guerre offensive point de guerre défensive. Donc, anéantir la première, c'est anéantir la seconde.

La guerre ne s'explique que par l'état de barbarie, où, la force matérielle étant dominante, il importe de devenir et de rester le plus fort territorialement et numériquement.

La guerre ne correspond déjà plus à un état de civilisation où la force tend de plus en plus à s'immatérialiser, à se transformer ; où ce qui est vrai pour les individus s'affranchissant et s'enrichissant par le travail, tend aussi à le devenir pour les peuples.

Autrefois une nation ne parvenait à s'agrandir qu'en en amoindrissant ou qu'en en assujettissant une autre. Ce mode d'agrandissement par la spoliation s'appelait Conquête.

Maintenant une nation croît par elle-même en puis-

» La guerre est divine dans la protection accordée aux grands capitaines, même aux plus hasardeux, qui sont rarement frappés dans les combats, et seulement lorsque leur renommée ne peut plus s'accroître et que leur mission est finie.

» La guerre est divine par la manière dont elle se déclare. Combien ceux qu'on regarde comme les auteurs de la guerre sont entraînés eux-mêmes par les circonstances !

» La guerre est divine par ses résultats qui échappent absolument aux spéculations de la raison humaine. »

(JOSEPH DE MAISTRE).

sance et en nombre : en diminuant les causes de la
mortalité humaine, en augmentant la durée de la vie
moyenne, en extrayant de son sol tous les éléments
de richesse qu'il renferme, en exerçant toutes les fa-
cultés, toutes les aptitudes dont elle a été douée, en
s'appropriant tous les modes de circulation les plus
perfectionnés applicables aux hommes, aux idées et
aux choses, enfin en multipliant ses échanges par
ses débouchés. Ce mode d'agrandissement par la production s'appelle Civilisation.

La preuve que la puissance d'une nation n'est plus
exclusivement proportionnelle à l'étendue de son territoire et même au chiffre de sa population, c'est que
la France n'occupe en surface que 26,739 lieues carrées et ne compte encore que 36 millions d'habitants,
tandis que la Russie occupe en surface 260,340 lieues
carrées et compte 58 millions d'habitants ; c'est que
l'Angleterre unie à l'Ecosse et à l'Irlande, n'a que 26
millions d'habitants et que 15,371 lieues carrées :
Vaut-il mieux être Russe que Français et Français
qu'Anglais?

La politique territoriale, celle qui subordonne
l'homme au sol, a fait son temps. L'heure du déclin a
sonné pour elle. Le temps est venu d'une autre politique : celle qui tend à subordonner de plus en plus
le sol à l'homme. La politique territoriale est encore
la politique féodale, avec cette différence que celle-ci
a considérablement changé de proportions. Chaque
colline, il est vrai, ne porte plus à sa crête un donjon
percé de meurtrières, armé de machicoulis, couronné
de créneaux; tout baron n'a plus le droit de justice
et de taxation; mais l'Europe, quoique sillonnée de

chemins de fer, est encore morcelée en grands et petits Etats, au nombre de cinquante-six, tous hérissés à leur entrée de places fortes entourées de fossés sur lesquels s'élèvent et s'abaissent des ponts-levis comme au moyen âge ; chacun de ces Etats ayant ses barrières de douanes ; ayant des impôts qui n'étant pas les mêmes sont autant d'obstacles à la réciprocité des échanges ; ayant des monnaies qui ne s'accordent pas, des poids et des mesures qui se contredisent ; ayant enfin une législation civile, criminelle, pénale, si différente, qu'elle fait douter de la justice, car si la justice n'est pas une, qu'est-ce que la justice ?

Le servage seigneurial, le servage terrien, autrefois la règle, n'est plus que l'exception, mais le servage national, le servage militaire est encore la règle.

Si l'heure du déclin a sonné pour la politique territoriale, si elle n'est plus qu'un flagrant anachronisme, si la guerre n'a plus de raison d'être, si, d'accord avec tous les grands penseurs, tous les souverains en Europe sont unanimes à la condamner (1), qu'est-ce donc qui les empêche de procéder au désarmement européen ? Ces souverains sont-ils si nombreux qu'ils ne puissent s'entendre, alors surtout qu'il n'y a plus d'intérêt opposé qui les divise, alors que l'intérêt de tous et de chacun à l'unité de l'Europe est absolument le même, sans distinction entre Etats grands et petits, insulaires, péninsulaires ou exclusivement continentaux ?

Les Etats qui composent l'Europe sont au nombre de cinquante-six.

(1) Voir l'Appendice.

Ils se divisent en grandes et en petites puissances; celles-là étant à celles-ci ce que les astres sont aux satellites.

Les puissances de premier ordre, au nombre de cinq, sont par ordre alphabétique : l'Angleterre, l'Autriche, la France, la Prusse et la Russie.

Les puissances de second et de troisième ordre, au nombre de cinquante-une, sont également, par ordre alphabétique : la Belgique, la Confédération germanique, qui réunit trente-six États, non compris l'Autriche et la Prusse (1), le Danemark, les Deux-Siciles, l'Espagne, les États-Pontificaux, la Grèce, Modène, Parme, les Pays-Bas, le Portugal, la Sardaigne, la Suède, la Suisse, la Toscane, la Turquie.

Sur ces cinquante-six États, trente-huit ont une armée commune qu'ils entretiennent à frais communs; dix-huit seulement font exception à cette règle, sous laquelle il leur suffirait pour passer de baisser un peu la tête.

---

(1) Anhalt-Dessau, Anhalt-Bernbourg, Anhalt-Cœthen, Bavière, Bade, Brême, Brunswick, Francfort, Hambourg, Hanovre, Hesse-Électorale, Hesse (grand-duché), Hesse-Hombourg, Holstein et Lauenbourg, Holstein-Oldenbourg, Hohenzollern-Hechingen, Hohenzollern-Sigmaringen, Lichtenstein, Lippe-Schauenbourg, Lippe-Detmold, Lubeck, Luxembourg, Mecklembourg-Schwerin, Mecklembourg-Strelitz, Nassau, Reuss (branche aînée), Reuss (branche cadette), Saxe, Saxe-Weimar, Saxe-Cobourg, Saxe-Hildburghausen, Saxe-Meiningen, Schwarzbourg-Sondershausen, Schwarzbourg-Rudolstadt, Waldeck, Wurtemberg.

II

L'Angleterre ne le dissimule pas ; le désarmement européen, sujet de tous ses discours, est l'objet de tous ses vœux ; en proie à la crainte d'une invasion que la vapeur appliquée à la navigation a rendue facile et qui lui a conséquemment fait perdre tous les avantages de sa position insulaire ; obligée, pour pourvoir à la défense de ses côtes, de chercher un mode de recrutement maritime et militaire plus efficace et moins onéreux que celui qui lui a suffi jusqu'à ce jour, elle entrevoit que le désarmement européen, s'il n'a pas lieu, finira par mettre sérieusement, très sérieusement en péril les libertés dont elle jouit, soit qu'elle augmente considérablement son double effectif, soit qu'elle rencontre dans les défiances instinctives de la nation une opposition invincible à cette augmentation, aussi vainement qu'instamment réclamée par lord Wellington jusqu'à son dernier soupir. Dans le premier cas, l'armée qui protége ses côtes menace ses libertés ; dans le second cas, ces mêmes libertés, si ses côtes restent découvertes, sont à la merci d'un nouveau Guillaume le Conquérant. Tel est le cercle vicieux dans lequel tourne l'Angleterre. Elle le voit et elle le montre. A quoi lui servirait de s'abuser, à quoi lui servirait de le cacher ? A quoi lui servirait même d'augmenter le nombre de ses matelots et de ses soldats, si ce n'est à donner à la France un motif d'augmenter le nombre des siens dans une proportion qui la maintienne toujours en possession de la même supériorité relative ? Le désarmement européen, au contraire, permettrait à l'Angleterre, délivrée des frayeurs qui l'oppressent au double point de vue de son indépendance territoriale et de ses approvisionnements alimentaires, et qui se traduisent dans ses budgets en accroissements annuels de dépenses stériles, le désarmement européen lui permettrait d'achever la réforme fiscale commencée par Robert Peel ; il lui permettrait d'abolir tous ceux des impôts de consommation qu'elle n'a pas encore supprimés, et qui font obstacle à trois libertés : la liberté de consommation, la liberté de production et la liberté de circulation ; il lui permettrait de transformer l'*income-tax* en taxe unique, en prime d'assurance proportionnelle à la valeur et au risque, en *free-tax !*

III

Si grand que soit l'intérêt de l'Angleterre au désarmement européen, l'intérêt de l'Autriche ne serait pas moindre ; car si elle n'est pas exposée au risque d'un débarquement sur ses côtes, elle est exposée au risque d'une rupture de son faisceau causée par le poids excessif des impôts en argent et en hommes sous lequel plient ses populations mécontentes autant que mal unies ; poids exhorbitant et cependant insuffisant au rétablissement de l'équilibre de ses dépenses par

ses recettes; poids qui la condamnerait à l'immobilité,
en voulût-elle sortir, car toute importante réforme politique qui n'a pas été préparée, précédée, mûrie par
une judicieuse réforme économique correspondante,
est la préface d'une révolution. Point d'illusion ! Aussi
longtemps que l'Autriche, pour conserver sa force armée relative, sera tenue de solder un effectif sans proportion avec ses revenus, toute liberté rendue à la Vénétie,
toute liberté rendue à la Hongrie ne sera qu'une ombre
ou qu'un péril. L'échec le plus fâcheux qu'ait essuyé
l'Autriche n'est pas celui de Montebello, ni de Magenta,
ni de Melegnano, ni de Solferino, car la perte ou le gain
d'une bataille peut dépendre d'un incident ou d'une in-
décision; l'échec le plus fâcheux qu'ait essuyé l'Autriche, c'est d'avoir, en 1859, ouvert un emprunt sans
avoir pu le remplir, quoiqu'il fut négocié par la maison
de Rothschild; c'est d'avoir ainsi donné la mesure de
sa faiblesse ! Une grande puissance qui n'a plus de
crédit est bien près de n'être plus une grande puissance en ce temps où l'emprunt est à l'impôt ce que
le canon rayé qui porte à 4,000 mètres est au canon
qui ne porte qu'à la moitié de cette distance. Le
désarmement européen permettrait à l'Autriche de
panser ses plaies, de réduire ses dépenses, de fé-
conder ses ressources et de réhabiliter son crédit
déshonoré; il lui permettrait d'accomplir paisiblement
et sûrement par la liberté graduelle ce qu'elle pour-
suit périlleusement et vainement depuis 1849 par
la violence continue; il lui permettrait de réaliser
son rêve, il lui permettrait d'atteindre son but : l'u-
nité nationale.

IV

La France, par sa double expédition de Crimée et d'Italie, a montré qu'elle pouvait porter légèrement le double poids d'une armée formée de sept contingents annuels de 100,000 recrues (1), et d'une inscription maritime comprenant plus de 100,000 marins, sans interrompre ni les travaux en cours d'exécution de ses chemins de fer et de ses ports, ni les travaux d'embellissement de Paris; mais de ce que de toutes les puissances de l'Europe elle soit la moins intéressée au désarmement européen, il n'en faudrait pas conclure qu'il ne lui serait point profitable. Le désarmement européen lui permettrait d'entreprendre avec non moins d'éclat et de succès pour l'anarchie des impôts ce qu'elle a accompli pour l'anarchie des poids et mesures; il lui permettrait, devançant l'Angleterre, d'être la première à opérer la grande réforme financière : — l'unité fiscale, et par l'unité d'impôt, de dénouer, sans effort et sans crise, le nœud de la question douanière. Les douanes sont des barrières aussi faciles à enlever qu'il est difficile de les abaisser. L'abaissement est toujours une perturbation et une

---

(1) La première Assemblée constituante avait fixé l'effectif de l'armée à 150,000 hommes en temps de paix. Sous la République, en l'an VI, la dépense du budget de la guerre ne s'élevait qu'à 95 millions.

complication ; l'enlèvement, seul, serait une simplification et une solution. En même temps qu'il serait l'égalité devant la liberté, il serait la sanction du désarmement européen. Ainsi l'unité de l'impôt est la voie qui mène droit à l'unité de l'Europe. Favorisée comme elle l'a été par son climat tempéré, exerçant une puissance d'attraction qu'elle pourrait encore accroître si considérablement, la France, augmentée de l'Algérie, serait incontestablement de toutes les nations celle qui aurait le plus à gagner à cette unité. Ce qu'elle y gagnerait en influence extérieure et en richesse intérieure serait incalculable. Ce serait là véritablement la *« conquête morale »* de l'Europe par la France, dont Napoléon Ier parlait si souvent à Sainte-Hélène !

V

Relativement au désarmement européen, la Prusse est à l'Angleterre ce qu'un pôle est à l'autre. L'Angleterre, c'est l'enrôlement volontaire ; la Prusse, c'est le recrutement universel. Tout Prussien est soldat jusqu'à l'âge de quarante ans. La loi est égale pour tout le monde La landwehr se compose des hommes mariés ; aussi les familles qui vivent le plus souvent des produits du travail de leur chef se trouvent-elles réduites à la plus grande détresse aussitôt que la mobilisation vient inexorablement le leur enlever. Nul n'est affranchi, sinon pour cause d'indignité ou d'incapacité physique, se traduisant par une difformité ou par une infirmité, de l'obligation du service militaire. Le remplacement, système mixte, n'est pas admis; l'exonération à prix d'argent n'a lieu, comme en France, ni par l'entremise de l'Etat, ni par l'entremise de compagnies. En Prusse surtout, le désarmement européen serait donc un bienfait, puisqu'il s'étendrait à tous les valides sans exception. Dans cet ordre d'idées entièrement pacifique, si la rive gauche du Rhin cessait jamais d'appartenir à la Prusse et à la Bavière, c'est que les habitants de cette rive, y trouvant soit plus de profit *ou* plus de liberté, soit plus de liberté *et* plus de profit, se seraient spontanément détachés de leurs anciens gouvernements pour se donner à la France. La guerre de souverain à souverain, ainsi transformée en concurrence de gouvernement à gouvernement profitant aux peuples, ne serait pas le moindre avantage du désarmement européen.

VI

Déjà la Russie a fait dans cette voie d'initiative gouvernementale et d'émulation internationale un grand pas qui sera l'éternel honneur du règne de l'empereur Alexandre II. L'abolition du servage en Russie, n'y fût-elle ni assez entière ni assez prompte, qu'elle n'en serait pas moins la proclamation toute spontanée d'un grand principe. A ce titre, l'abolition du servage en Russie mérite-t-elle le nom de réforme, nom aussi honorable que le nom de concession l'est peu.

Le désarmement européen la faciliterait et la complète-
rait, puisqu'il mène logiquement à l'abolition d'un autre
servage qui, pour être plus général, n'en est pas moins
pesant : le servage militaire. Des cinq grandes puissances qui composent ce qu'elles appellent « le Concert européen, » la Russie est celle qui, ayant la population la plus considérable, compte cependant le
nombre le plus petit d'habitants par lieue carrée. Le
désarmement européen ayant pour effet d'augmenter
la densité de la population russe, et cette augmentation de population se traduisant par une augmentation de puissance, la Russie, quoique l'intérêt ne fut
pas le même, aurait donc au désarmement européen un intérêt non moins grand que l'Angleterre,
l'Autriche, la France et la Prusse. Cet intérêt, dejà
très important, ne serait pas le seul. L'immensité de
son territoire est pour la Russie moins un élément de force
qu'une cause de faiblesse. Le désarmement européen
permettrait à la Russie de le sillonner plus vite de chemins de fer qui feraient disparaître plus tôt la cause
de faiblesse pour ne laisser subsister que l'élément
de force. La Russie est le pays qui a le plus à gagner
au perfectionnement et au nombre des voies de communication et de transport; elle a prouvé qu'elle le
comprenait en s'empressant très judicieusement de
donner sa garantie d'intérêt au milliard des chemins
de fer russes, au lieu de s'épuiser, en prodiguant les
hommes et l'argent, à venger l'échec de Sébastopol.
Elle a mieux fait que de le venger, elle l'a converti en
leçon plus profitable qu'une victoire. La Russie a
changé de voie ; elle n'a pas changé de but. Elle y
marche plus sûrement qu'avant 1855.

VII

Parlerai-je maintenant des Etats de second, de troisième et de dernier ordre qui ont la puérilité, — c'est l'expression la plus adoucie dont il soit possible de se servir! — qui ont la puérilité de jouer à la grande puissance, et de s'exténuer pour mettre sur pied et solder une force armée excédant celle nécessaire au maintien de l'ordre intérieur, et sans proportion avec l'exiguité de leurs revenus? Placée entre la France et la Prusse, la Belgique en serait-elle moins forte si elle portait le poids d'une armée moins lourde? La Belgique en serait plus riche et n'en serait pas plus faible. A quoi lui sert donc l'armée de cent mille hommes qu'elle entretient? Cette armée la protégerait-elle contre la France, si la France avait résolu de l'envahir? — Non. Ce qui protége la Belgique, c'est sa faiblesse, faiblesse relative, couverte par la neutralisation européenne. Logiquement, au point de vue où se place la Belgique quand elle s'habille en cuirassier, en lancier, en grenadier, au lieu de rester vêtue en mineur, en forgeron, en tisserand, ce n'est pas une armée de cent mille hommes qu'elle devrait lever et entretenir pour se tenir en garde contre la France, mais une armée de huit cent mille hommes au moins ; car étant données deux nations, l'une menacée par l'autre : celle qui aura besoin de l'armée défensive la plus forte est celle qui aura la population résistante la plus faible ; en d'autres termes, la force numérique de l'armée devrait être en raison inverse de la force numérique de la population, celle-ci ayant d'autant plus besoin d'être protégée qu'elle sera moins en état de se protéger elle-même. Nations fortes, armées faibles ; nations faibles, armées fortes. Conséquemment, de tous les souverains d'Europe, celui qui, pour se défendre contre le risque d'invasion et d'absorption, aurait besoin de l'armée la plus nombreuse, serait le landgrave de Hesse-Hombourg. L'évidence ne se discute pas. Ce que je viens de dire de la Belgique, sans aucune intention de la blesser, je pourrais le dire non moins justement de tous les autres Etats d'ordre inférieur qui ne font point partie d'une confédération à laquelle ils sont tenus de fournir un contingent. Ceux-ci sont naturellement exceptés de l'observation, car on ne saurait admettre la nécessité transitoire d'une armée fédérale, sans en admettre la conséquence inséparable.

Toute proportion gardée, le désarmement européen ne serait pas moins profitable aux petits qu'aux grands Etats. Relativement aux grands, les petits Etats ont des frais généraux de gouvernement encore plus considérables, ce qui affaiblit d'autant leur force contributive applicable aux voies de communication et de transport, sans la prompte exécution desquelles ils ne tarderont pas à entendre sonner pour eux l'heure du déclin et de la ruine, de la convulsion et de l'agonie. La logique des choses est un courant qui ne tarde pas à entraîner les téméraires qui tentent de le remonter. Nous touchons au moment où il n'y aura

plus en Europe que des producteurs et des consom-
mateurs. Or, tout Etat qui, à qualité égale, produit
plus chèrement, a le même sort que s'il avait perdu
une bataille décisive. Il ne peut plus lutter! Et comment lutterait-il à qualités égales et à prix égaux,
sans chemins de fer se raccordant au grand réseau
européen qui sert d'arbre de transmission à ce double
mouvement d'exportation et d'importation, devenu
la loi même de l'existence de toutes les nations sou-
mises à l'irrésistible pression de la civilisation! Les
petits Etats comme les petites fabriques, et par les
mêmes causes, sont appelés à disparaître. Les uns
comme les autres n'ont qu'un moyen de retarder leur
chûte, quelques-uns et quelques-unes peut-être d'y
échapper, c'est de convertir sans retard toute dépense stérile en dépense féconde, en *dépense* qui ne
soit qu'une *avance.*

VIII

Etant incontestablement démontré par ce qui pré-
cède que les Etats désunis d'Europe ont tous, sans
distinction et sans exception, le même intérêt au désarmement européen, comment a-t-on pu qualifier de
« utopie » une mesure si simple et si facile à accomplir? Puisque l'obstacle n'est pas dans l'antagonisme
des intérêts, il est donc uniquement dans la résistance
des hommes! De quels hommes? Combien sont-ils? Ils
sont cinq : trois empereurs, un roi et une reine : l'em-

pereur d'Autriche, l'empereur des Français et l'empereur de Russie, la reine de la Grande-Bretagne et le roi de Prusse. Y a-t-on réfléchi? M'accuser d'utopie, c'est les accuser de folie.

Je comprendrais, sans cependant m'y associer, l'objection qui consisterait à présenter comme imprudent tout désarmement isolé, c'est-à-dire effectué sans accord préalable; mais c'est vainement que j'en cherche une seule contre le désarmement simultané. Le désarmement doit donc être européen.

S'il est impossible de mettre d'accord cinq souverains, personnifiant le même intérêt et tenant en faveur de la paix le même langage, à quoi sert-il aux peuples d'avoir des monarques, à quoi sert-il aux monarques d'avoir des ambassadeurs? Il suffit de poser la question ; je la pose. Y insister serait pour le moins superflu.

IX

Je suppose que, faute d'arguments pour le combattre, le désarmement européen soit admis en principe ; quel en sera le mode?

C'est ce qu'il s'agit d'examiner.

Voici un premier mode :

Convenir que le désarmement simultané aura lieu sur les bases suivantes : 1° en ce qui concerne les forces de terre, l'effectif de chacune des cinq armées sera proportionnel au chiffre de la population européenne de chacune des cinq grandes puissances ; 2° cet effectif, à partir de l'époque fixée, n'excèdera plus le centième de la population mâle ; 3° en ce qui concerne les forces de mer, le nombre des canons sera proportionnel au nombre des tonneaux ; 4° le nombre des canons à bord, à partir de l'époque fixée, sera de 1 canon par 000 tonneaux, sans jamais excéder ce nombre, ce qui équivaut à dire que la marine militaire de chaque Etat sera relative à sa marine marchande.

Voici un second mode plus simple et non moins efficace que le premier :

Convenir qu'à partir de telle époque fixée, le servage militaire et maritime sera à jamais aboli en Europe (1); qu'il n'y aura plus, sous quelque nom et sous quelque forme que ce soient, de service militaire et maritime obligatoire ; qu'il n'y aura plus d'autre mode de recrutement en vigueur que l'enrôlement volontaire ; que l'armée se recrutera comme se recrutent les autres professions, c'est-à-dire librement, sans tirage au sort avec ou sans faculté d'exonération pécuniaire ; que la marine militaire sera une carrière comme la marine marchande, qui n'a besoin, pour exister, de recourir ni à l'inscription maritime, ni à la presse des matelots.

---

(1) « La conscription est la loi la plus affreuse et la plus détestable pour les familles.»

Opinions de Napoléon recueillies par Pelet (de la Lozère).

Voici un troisième mode, celui-ci encore transitoire :

D'un commun accord entre les cinq puissances, assimiler le risque de guerre au risque d'incendie, et organiser à frais proportionnels, sous le nom d'armée fédérale ou sous tout autre nom, une armée spéciale ayant pour objet d'aller éteindre la guerre sur quelque point qu'elle s'allumât.

En conséquence, signer la convention suivante :

ARTICLE PREMIER.

Une assurance spéciale contre le risque de guerre territoriale et maritime est instituée entre les divers Etats qui auront adhéré à la présente convention.

A cet effet, une armée de 000,000 hommes et une flotte de 00,000 canons seront entretenues aux frais communs des Etats ; l'enrôlement dans les armées de terre et de mer est exclusivement volontaire.

La dépense est proportionnellement supportée par chacune des nations contractantes à raison de 1 soldat par 000 hommes et de 1 canon par 000 tonneaux.

Les proportions ci-dessus fixées, à raison de 1 soldat par 000 hommes et de 1 canon par 000 tonneaux seront réglées le 1er janvier de chaque année ; elles décroîtront à mesure que s'accroîtra le nombre des nations assurées entre elles.

ART. 2.

Les nominations et promotions dans l'armée et dans la flotte ont lieu d'elles-mêmes par la voie hiérarchique. Les commandements en chef de l'armée sont conférés par l'élection à la majorité des voix de l'universalité des généraux de division et de brigade.

Le même mode de désignation a pareillement lieu pour les commandements en chef de la flotte (1).

---

(1) *Politique universelle.* 3ᵉ édition, p. 291.

Voici enfin un quatrième mode, celui-ci plus radical :

Toujours d'un commun accord entre les cinq grandes puissances, *neutraliser* l'Europe, c'est-à-dire reconnaître que les Etats qui la composent ont tous le même droit d'exister sans distinction de force ni de faiblesse relatives, par le fait seul qu'ils existent ; conséquemment décider que le moyen à la fois le plus sûr, le plus simple et le plus économique de les mettre à l'abri de toute tentative et de tout risque d'agression de l'un contre l'autre, c'est que chacun n'ait plus d'autre force publique qu'une gendarmerie territoriale et maritime. Point de feu sans combustible ; point de guerre sans armée. A quoi servent les armées ? — Elles servent à créer le risque de guerre et à l'entretenir. Il n'existerait pas sans elles.

Entre ces quatre modes, il n'y a pas même l'embarras du choix, car le dernier est évidemment le plus logique et le meilleur. Pourquoi donc les cinq grandes puissances qui tiennent entre leurs mains la paix de l'Europe ne feraient-elles pas ce qui serait raisonnable ? Pourquoi ne l'adopteraient-elles pas ? Où serait et d'où viendrait la difficulté ? Au lieu de tous ces discours effarés qui déconsidèrent le gouvernement parlementaire, pourquoi le ministère anglais ne pose-t-il pas carrément, nettement, dans une Note adressée à tous les Cabinets, la question du désarmement européen ? Que risquerait-il à la poser ? Il y risquerait tout au plus qu'on l'accusât d'avoir tout à y gagner et rien à y perdre. En vérité, cette objection n'en serait pas une, car si l'Angleterre y gagnait, quelle autre puissance y perdrait? Aucune ; je me trompe , il faut en excepter une.

— Laquelle?

— La Routine.

X

En vérité, plus on étudie la question de désarmement européen, et plus on la trouve simple. Il en est tout autrement des questions d'Equilibre européen et de Nationalités ressuscitées; plus on étudie ces questions et plus on les trouve compliquées. Le désarmement européen aurait cet avantage qu'il ne simplifierait pas seulement les questions extérieures, les questions d'Etats à Etats, mais qu'il simplifierait encore les questions intérieures, les questions de peuples à gouvernements.

L'économie considérable qui résulterait du désarmement européen (1) permettrait, pour commencer,

---

(1) L'effectif militaire actuel de l'Europe (et sous cette dénomination nous comprenons tout ce qui est payé sur les fonds consacrés à l'entretien des forces de terre et de mer) se compose de 4 millions d'individus environ, soit à peu près 1/2 0/0 de sa population totale, qui doit s'élever aujourd'hui à 267 millions d'âmes. Déduction faite pour les incapacités de service, on peut évaluer à 7,118,000 le chiffre des individus de 20 à 33 ans capables de porter les armes, et plus de la moitié est sous les drapeaux en ce moment.

La valeur du travail annuel d'un adulte mâle ne saurait être de moins de 222 fr. En Angleterre, elle est en moyenne de 556 fr., et en France, de 296 fr. Il en résulte qu'en enlevant aux arts utiles de la paix 4 millions de jeunes gens, on sacrifie une valeur annuelle d'au moins 890 millions de francs. C'est à peu près la moitié de la d'abolir toutes les taxes contre la consommation, conséquemment les douanes et les octrois ; or, si les gouvernements n'avaient plus à demander aux peuples ni levées d'hommes, ni impôt autre qu'une prime d'assurance générale et spéciale, proportionnelle à la valeur, et proportionnelle au risque des objets déclarés, quel peuple songerait à renverser son gouvernement, qu'aurait-il à y gagner ?

L'impôt est la mesure sur laquelle les peuples jugent leurs gouvernements.

Plus de conscription d'hommes : plus de taxes de

---

somme que l'Europe consacre au service des intérêts de sa dette. Les dépenses ordinaires du personnel et du matériel des forces de terre et de mer figurent actuellement au budget des Etats européens pour un surplus de 2 milliards de francs ; cette dépense, jointe à la perte résultant de l'envoi annuel sous les drapeaux de 4 millions de jeunes gens, forme une somme de près de TROIS milliards de francs, égale à la valeur du produit annuel des mines et de l'industrie en Europe, ou 35 fois plus élevée que le produit moyen annuel des mines et des métaux précieux de cette partie du monde, l'Oural compris.

Les frais d'entretien des forces militaires des divers Etats de l'Europe forment 30 0/0 de la totalité des dépenses ordinaires. Ils s'élèvent à un peu plus de 7 fr. 32 c. par tête d'habitant, et à 504 fr. par tête de combattant.

La dépense totale pour cet objet, pendant les trente dernières années, a été de SOIXANTE milliards 1/4. Nous laissons à chaque lecteur le soin d'apprécier de combien de chemins de fer, de canaux, de voies ordinaires de communications, l'emploi du tiers seulement de cette somme aurait pu doter l'Europe.

Baron DE REDEN.

La France, qui par sa population ne représente que la *huitième* partie de la population totale de l'Europe, fournit à elle seule le QUART des dépenses militaires qui s'y font, c'est-à-dire 500 millions par an sur 4 milliards. En Prusse, la dépense de l'armée est de près de *moitié* de la dépense générale ; en Autriche, *de plus du tiers* ; dans les Etats de la Confédération germanique *du tiers à la moitié* ; en France et en Russie, du *quart.*

consommation, plus de mécontentement populaire, plus de révolution possible!

Donc, s'il est une idée qui soit essentiellement monarchique, essentiellement anti-révolutionnaire, c'est celle du désarmement européen. Si les peuples y sont grandement intéressés, les gouvernements ne l'y sont pas moins.

XI

Puisqu'il s'agit d'assembler un Congrès des cinq grandes puissances, pourquoi donc, au lieu d'un Congrès prenant la question par le petit bout, c'est-à-dire succédant à la Conférence de Zurich pour régler tant bien que mal et certainement plus mal que bien la question d'Italie, ce qui laisserait subsister sans examen et sans solution les questions de Pologne et de Hongrie non moins dignes d'intérêt, ne pas réunir un Congrès qui prenne tout de suite la question par le gros bout (1), c'est-à-dire par le désarmement de l'Europe, lequel ne profiterait pas moins à la Pologne qu'à la Russie, et à la Hongrie qu'à l'Autriche? Pourquoi ne pas fermer l'ère de la guerre et de la révolution, qui se tiennent de plus près qu'on ne le croit communément, pourquoi ne pas ouvrir l'ère de la paix et de la civilisation?

---

(1) Par quelle raison les princes n'assembleraient-ils pas un congrès pour le bien de l'humanité, après en avoir fait tenir tant d'infructueux sur des sujets de moindre importance?

Frédéric II, roi de Prusse.—*Des Lois.*

La guerre, c'est le meurtre; la guerre, c'est le vol. C'est le meurtre, c'est le vol enseignés et commandés aux peuples par leurs gouvernements; c'est le meurtre, c'est le vol acclamés, blasonnés, dignifiés, couronnés; c'est le meurtre, c'est le vol moins le châtiment et la honte, plus l'impunité et la gloire; c'est le meurtre, c'est le vol soustraits à l'échafaud par l'arc de triomphe; c'est l'inconséquence légale, car c'est la société ordonnant ce qu'elle défend et défendant ce qu'elle ordonne, récompensant ce qu'elle punit et punissant ce qu'elle récompense; glorifiant ce qu'elle flétrit et flétrissant ce qu'elle glorifie : le fait étant le même, le nom seul étant différent.

S'est-on jamais sérieusement demandé ce que serait l'Europe au dix-neuvième siècle avec les chemins de fer, la navigation à vapeur, la télégraphie électrique, si on lui restituait par la *paix assurée* contre le risque de guerre, par la paix permanente, ce que la *paix armée*, ce que la paix intermittente lui dérobe? S'est-on jamais sérieusement demandé ce que serait la société actuelle si la force de destruction était transformée tout entière en force de production, si l'on dépensait pour apprendre aux hommes à se servir de la raison qui est en eux, l'argent et le temps qu'on dépense pour leur apprendre à se servir du fusil qu'on les oblige de porter? S'est-on jamais sérieusement demandé quels progrès ne ferait pas, quels problèmes ne résoudrait pas la science appliquée premièrement à la viriculture, culture de l'homme, deuxièmement à la civilisation, culture de l'humanité, si au lieu d'élever des arcs de triomphe à la guerre on élevait des arcs de triomphe à la paix; si, désormais, on attribuait exclusivement aux victoires bienfaisantes remportées par les hommes sur les choses, la gloire et les récompenses, les dignités et les dotations, les honneurs et les titres trop longtemps prodigués aux victoires sanglantes remportées sur des hommes par des hommes? S'est-on jamais sérieusement demandé à quel degré de bien-être et de moralité les peuples atteindraient par le travail et l'épargne, si tout salaire était affranchi de tout impôt, s'il suffisait que l'impôt pour subvenir aux dépenses de l'Etat portât sur la richesse transmise à titre gratuit, s'il n'était plus qu'un aiguillon stimulant l'oisiveté ou la punissant? S'est-on jamais sérieusement demandé s'il n'était pas moins difficile de tarir la misère que de la secourir, de supprimer le vol et le meurtre que de réprimer le voleur et le meurtrier? S'est-on jamais sérieusement demandé si, pour diriger les hommes, il n'y avait pas un autre frein plus puissant que l'intimidation par la pénalité? S'est-on jamais sérieusement demandé si l'homme, dompté par la douleur et la crainte, comme il dompte le cheval et le bœuf, ne s'abrutit pas et n'abrutit pas en même temps celui qui le dompte; si le dompteur et le dompté méritent de garder le nom d'homme, c'est-à-dire d'être pensant? Enfin, s'est-on jamais sérieusement demandé si tous les arts ayant fait de si grands progrès, l'art de vivre en société était le seul qui n'en dût pas faire; si le genre humain avait dit sur le bonheur humain son dernier mot?

Que les gouvernements y réfléchissent! Ils reconnaîtront que le nœud de la politique est dans l'impôt; que le nœud de l'impôt est dans le désarmement.

XII

Grandes puissances, donnez donc l'exemple aux petites, désarmez donc ! soyez donc logiques ! La logique porte avec elle-même sa sanction. Elle est comme la statique. On ne la viole pas impunément. La politique qui ne marche pas d'accord avec la logique est une impasse. Elle mène au renversement des dynasties et ne mène pas à l'affranchissement des peuples, car elle n'abolit la Monarchie que pour rétablir la Dictature. Elle va aux révolutions et ne va pas aux solutions. Ou il ne fallait pas encourager, subventionner, décréter les chemins de fer qui mettent incessamment en communication journalière Anglais, Allemands, Belges, Espagnols, Français, Russes, Suisses, qui suppriment les distances et éteignent les animosités, qui relient entre elles toutes les capitales de l'Europe comme autant de membres du même corps, ou il faut renoncer à l'inconséquence des canons rayés et des vaisseaux blindés, des frontières et des côtes défendues par de nouvelles fortifications ne servant qu'à coûter la vie à un plus grand nombre d'assiégeants. Marcher à reculons dans la voie du progrès est plus dangereux que de n'y pas entrer. Ou il faut persister fidèlement dans la politique ancienne, la politique de rivalité, ou il faut résolument marcher devant soi dans la politique nouvelle, la politique de réciprocité. Vouloir garder un pied dans l'une et un pied dans l'autre n'est qu'une manière certaine de tomber et d'être broyé entre les deux. On va de la barbarie à la civilisation comme on va de l'enfance à l'adolescence ; on ne retourne point de la civilisation à la barbarie (1), pas plus qu'on ne revient de l'adolescence à l'enfance.

De même que les grands fiefs ont disparu au sein de chaque Etat où ils perpétuaient les dissensions et les guerres, où ils multipliaient les disettes et les famines, par suite de la même loi d'unité graduelle, les confédérations partielles, confédération germanique et confédération helvétique, sont appelées à disparaître du sein de l'Europe. L'idée fausse, l'idée compliquée, on le reconnaîtra, c'est l'idée d'une confédération italienne ; l'idée juste, l'idée simple, c'est l'idée de la confédération européenne.

Toute confédération partielle implique la guerre ; toute confédération intégrale, c'est-à-dire toute confédération s'appliquant à un continent tout entier implique la paix, car de continent à continent il n'y a point de guerre probable, il n'y point de guerre possible ! Il est des masses qui par leur pesanteur échappent à l'action de tous les leviers.

En même temps que la confédération européenne enlèverait ainsi à la féodalité territoriale son dernier retranchement, elle mettrait fin à la féodalité maritime par le désarmement et la neutralisation de tous les détroits (2). Plus de mers fermées, plus de mers

---

(1) Les nations grecque et romaine ont disparu du monde à cause de ce qu'il y avait de barbare, c'est-à-dire d'injuste dans leurs institutions.

 Mme DE STAEL : *Considérations sur la Révolution française.*

(2) La Russie consent, dit-on, à ce que nous élevions à Sinope,

barrées ! Toutes les mers ouvertes, toutes les mers neutres, toutes les mers libres !

Le souverain ou le ministre qui le premier comprendra et fera comprendre à l'Europe tout ce qu'il y aurait de puissance et de grandeur dans le désarmement européen, acquerra par cette initiative radieuse une domination morale autant au-dessus de la domination territoriale successivement rêvée par Annibal, César, Charlemagne, Charles-Quint, Napoléon Ier, que la justice du dix-neuvième siècle est supérieure à l'ordalie du onzième !

Si une telle gloire : la gloire que désormais il ne soit plus versée par la main d'un soldat une seule goutte de sang humain ! si une telle gloire ne tente pas l'empe-

---

sur la côte méridionale de l'Euxin, une forteresse dont les remparts et les canons tiendraient en échec ceux de Sébastopol. Mais nous entretenons déjà de *très inutiles et très coûteuses fortifications sur le rocher de Gibraltar, que nous avons enlevé à l'Espagne;* nous avons construit de vastes et inexpugnables citadelles à Malte; nous avons dépensé des millions pour fortifier Corfou ; faut-il donc que nous ayons encore dans la mer Noire une forteresse du même genre, dont l'entretien coûtera chaque année et perpétuellement au pays des sommes énormes, avec une nombreuse escadre pour naviguer dans cette mer, comme nos autres escadres parcourent déjà, et bien souvent sans la moindre nécessité, toutes les mers et tous les océans du globe ? Quel avantage nous en reviendra-t-il ? Il faut poser nettement la question et voir les choses comme elles sont : tant que la Russie sera un état puissant, uni, florissant, sous un gouvernement stable et intelligent, et tant qu'il y aura en Turquie, avec une population dont la grande majorité est chrétienne et hostile à ses maîtres, une administration musulmane ignorant complètement ou négligeant systématiquement les principes nécessaires au gouvernement d'un grand pays ; en un mot, tant que les choses resteront ce qu'elles sont et que les limites géographiques des deux empires ne seront pas changées, il n'y a pas de combinaisons, d'arrangements diplomatiques conclus à Vienne ou ailleurs qui puissent détruire la prépondérance de la Russie dans la mer Noire. »

JOHN BRIGHT, *membre du parlement britannique.*

3 août 1855.

reur Napoléon III, peut-être tentera-t-elle l'empereur Alexandre II ; si elle ne tente pas l'empereur Alexandre II, peut-être tentera-t-elle lord John Russell, jaloux de ne pas la laisser à Richard Cobden et à John Bright, du vote desquels dépend son existence ministérielle, et qui personnifient en Angleterre la politique nouvelle, la politique de l'avenir, la politique de la paix conséquente, la politique qui veut les moyens de ce dont elle veut la fin, la politique opposée à celle qui mendie la paix l'escopette à la main, qui arme en voulant qu'on désarme, qui imite servilement ce qu'elle condamne bruyamment, qui va dépenser les nouveaux millions arrachés au travailleur, non pour lui ouvrir de nouveaux débouchés et resserrer par l'échange le lien des peuples, mais pour fondre en toute hâte de nouveaux canons dont le perfectionnement consiste à être encore plus meurtriers que les anciens canons qui déjà l'étaient beaucoup trop!

C'est dans cet espoir, si faible qu'il soit, que ces lignes ont été écrites loin de Paris, et livrées à l'impression pendant que la Conférence de Zurich perd son temps à entreprendre laborieusement de dénouer une question que le sabre s'est proclamé impuissant à trancher, et avant que le Congrès soit appelé à chercher non moins vainement pour le raffermissement de la paix une solution qui n'existe pas... hors du désarmement européen.

Le désarmement européen serait le triomphe de l'idée économique; désormais hors de l'idée économique plus de politique !

APPENDICE [1]

GUERRE A LA GUERRE !

ANCILLON : « Les différents Etats qui couvrent la surface du globe sont des personnes morales, c'est-à-dire des êtres raisonnables et libres, comme les individus qui les composent. Le pouvoir souverain est, dans chacun d'eux, le principe vital, le lien de l'association, la clé de voûte de l'édifice, à laquelle on ne saurait toucher sans danger et sans crime. Ame du corps politique, il pense, il veut, il agit, il a des droits et des obligations, et doit également maintenir les uns et remplir les autres. Les souverains et les États, en leur qualité de personnes morales, sont justiciables de la même loi qui sert à déterminer les rapports des individus. Chacun d'eux a sa sphère d'activité, qui est limitée par celle des autres ; là où la liberté de l'un finit, celle de l'autre commence, et leurs propriétés respectives sont également sacrées. Il n'y a pas deux règles de justice différentes, l'une pour les particuliers et l'autre pour les États. Antérieurement à toute convention entre les souverains, il faut admettre un droit des gens naturel, qui résulte de la simple idée de plusieurs peuples placés à côté les uns des autres, et qui contient la théorie des obligations auxquelles les États peuvent légitimement se contraindre les uns et les autres, s'ils en ont la puissance et les moyens.

» Ce droit existe, mais il manque d'une garantie extérieure : il n'y a point de pouvoir coactif qui puisse forcer les différents États à ne pas dévier, dans leurs relations, de

---

la ligne du juste. Les individus humains ont assuré leurs
droits en créant cette garantie ; ils ont créé cette garantie
en formant l'ordre social, et en le formant, ils sont sortis de
l'état de nature. Les souverains sont donc encore dans l'état
de nature, puisqu'ils n'ont pas encore créé cette garantie
commune de leur existence et de leurs droits, et que chacun d'eux est seul juge et seul défenseur de ce qui lui appartient exclusivement et de ce que les autres doivent respecter.

» Au défaut de cette garantie commune de leur existence
et de leurs droits, qui a rendu de tout temps leur situation
précaire, les souverains se sont liés réciproquement par
des contrats appelés *traités* ; ils ont usé de la prérogative
de toutes les personnes libres et morales, de céder, d'acquérir et d'échanger des droits. La connaissance de ces
traités forme le droit des gens conventionnel ou le droit
public. Mais ces engagements ont été pris et violés avec
une égale facilité. Comme ils n'étaient pas garantis par une
volonté et une puissance qui pussent assurer leur exécution, ils ont donné naissance à de nouvelles violences, ils
ont multiplié les offenses et les plaintes, et ils n'ont obvié
à rien. Sans doute, la règle du juste condamne ces infrac-
tions, et les principes du droit ordonnent aux États comme
aux particuliers de remplir leurs engagements ; mais ces
principes, dénués d'un pouvoir coactif suffisant pour les
faire respecter, ont existé dans la théorie, sans diriger la
pratique.

» Ici se présente une question qui doit intéresser vivement tous les amis de l'humanité. L'état de nature dans lequel vivent encore les sociétés les unes à l'égard des autres
est un état contraire au bonheur et à la destination de
l'homme ; un état où la force n'existe que pour violer impunément le droit, tandis qu'elle ne devrait exister que pour
le protéger et pour punir les violateurs. Cet état éternise
tous les malheurs réunis dans le seul fléau de la guerre : il
amène des dangers toujours renaissants, ou du moins il entretient des jalousies, des défiances, des craintes perpétuelles, et provoque des mesures de précaution qui sont
elles-mêmes déjà un mal réel. Les États ne doivent-ils
donc pas tâcher de sortir de cette situation violente ? Ne
doivent-ils pas le souhaiter vivement ? Et quels sont les
moyens qui paraissent le plus appropriés à ce but ?

» Serait-ce enfin des progrès de la raison et de la moralité qu'il faudrait attendre cette garantie de l'existence et de l'indépendance des États? La force morale tiendra-t-elle jamais lieu de la force physique qui contient les individus dans la société? Quelque belles et consolantes que soient ces idées, elles ne méritent pas grande attention ; ce sont des vapeurs agréablement colorées, qui n'ont aucune espèce de consistance. »

« .... Les princes et les peuples, les ministres et les démagogues, ont sans doute multiplié les guerres sans nécessité ; mais les guerres tiennent essentiellement à l'état de nature dans lequel se trouvent les gouvernements les uns à l'égard des autres. Les guerres injustes naissent du défaut d'une garantie commune, et en prouvent la nécessité ; les guerres justes ne sont qu'un emploi légitime de la force pour faire triompher le droit ; elles sont, dans les rapports de nation à nation, ce que les mesures coërcitives, les peines, les supplices, sont dans les rapports d'individu à individu : des moyens d'assurer le règne de la justice par le déploiement de la puissance. »

« Les nations succombèrent toutes sous les armes de Rome, parce qu'elles permirent qu'elle les attaquât les unes après les autres et qu'elles ne surent jamais agir de concert... (1). »

BALLANCHE : « Un grand ressort des temps anciens, qui fut nécessaire à l'organisation primitive de la société, et qui ne peut plus être pour nous qu'une grande erreur, le sentiment exclusif de la nationalité, doit disparaître : il ne peut tenir devant les hauts sentiments d'humanité. »

DE BONALD : « Comme la diversité des opinions religieuses et politiques et la division qu'elle entretient ont été la cause première de la Révolution française, l'unité d'opinion en sera tôt ou tard le grand et dernier effet. »

BOSSUET : « Ce fut après le déluge que ces ravageurs de provinces que l'on a nommés *conquérants*, poussés par

---

(1) *Tableau des révolutions du système politique de l'Europe*, par Frédéric Ancillon. Discours préliminaire.

la seule gloire du commandement, ont exterminé tant d'innocents.... Depuis ce temps, l'ambition s'est jouée, sans aucune borne, de la vie des hommes ; ils en sont venus à ce point de s'entre-tuer sans se haïr : le comble de la gloire et le plus beau de tous les arts a été de se tuer les uns les autres. »

BRISSOT : « Les quakers ont vu que la base première du bonheur universel était la paix universelle, cette paix que l'on appelle un rêve de l'abbé de Saint-Pierre ; ils ont vu que le moyen de parvenir à cette paix était de prononcer anathème contre l'art de la guerre. Les livres sacrés leur disaient « qu'il viendra un temps où les nations ne lè- » veront plus le glaive contre les nations. » Ils ont vu que le moyen d'accélérer la réalisation de cette prophétie était de donner l'exemple ; que les discours ne serviraient à rien, si la pratique n'y était conforme ; que les souverains trouveraient le secret de perpétuer les guerres, tant qu'ils pourraient soudoyer des mains pour égorger, et ils ont résolu de ne jamais prendre les armes, de ne jamais contribuer de leurs richesses à aucune guerre. On les a tourmentés, martyrisés, volés, emprisonnés ; ils ont tout souffert ; et enfin, lassée par leur constance, la tyrannie les a exemptés du service militaire ; elle a été même forcée de prendre des détours pour arracher d'eux des contributions.

» Je le demande à présent, si toutes les sectes eussent adopté cet esprit anti-militaire, si toutes prononçaient anathème à la guerre, que deviendraient nos héros, lorsqu'un automate ne se laisserait plus dresser à l'art infernal de tuer son semblable ? Que deviendrait l'ambition des conquérants, lorsque tous les hommes, changés en quakers, refuseraient d'un commun accord, et avec une fermeté inébranlable, de seconder avec un fusil leurs prétentions ? Si nous aimons le bien public, faisons donc des vœux pour que cette société pacifique couvre tout le globe, ou faisons des vœux au moins pour que ses principes humains soient universellement adoptés ! »

CHATEAUBRIAND : « En menant la France à la guerre, on a appris à l'Europe à marcher : il ne s'est plus agi que de multiplier les moyens ; les masses ont équipollé les masses. Au lieu de cent mille hommes, on en a pris six cent

mille ; au lieu de cent pièces de canon, on en a traîné cinq
cents : la science ne s'est point accrue ; l'échelle seulement
s'est élargie. »

« Un avenir sera, un avenir puissant, libre, dans toute
plénitude de l'égalité évangélique. Mais il est loin encore
loin au-delà de tout l'horizon visible. Avant de toucher au
but, avant d'atteindre l'unité des peuples, la démocratie
naturelle, il faudra traverser la décomposition sociale,
temps d'anarchie, de sang peut-être, d'infirmités certainement. Cette décomposition est commencée, elle n'est pas
prête à reproduire de ses germes, non encore assez fer-
mentés, un monde nouveau. »

« Le développement matériel de la société accroîtra le développement des esprits. Lorsque la vapeur sera perfec-
tionnée ; lorsque, unie aux télégraphes et aux chemins
de fer, elle aura fait disparaître les distances, ce ne sera
plus seulement les marchandises qui voyageront d'un bout
du globe à l'autre avec la rapidité de l'éclair, mais les idées.
Quand les barrières fiscales et commerciales auront été
abolies entre les divers États comme elles le sont déjà entre les provinces d'un même État ; quand les divers pays,
prenant les mœurs les uns des autres et abandonnant les
préjugés nationaux, les vieilles idées de suprématie et de
conquête, tendront à l'unité des peuples..., par quel moyen
ferez-vous rétrograder la société vers des systèmes épui-
sés ? »

« Viendra peut-être le temps, quand une société nouvelle
aura pris la place de l'ordre social actuel, que la guerre paraîtra une monstrueuse absurdité, que le principe même
n'en sera pas compris. »

COLINS : « Tant qu'il y a des nationalités, le seul cri-
térium social possible est la force ; les intérêts nationaux
sont alors en opposition avec l'intérêt de chacun, et les intérêts personnels trouvent qu'il est raisonnable de ne travailler que pour soi, tant que travailler pour soi n'est point
aussi travailler pour tous. »

COUSIN : « L'Europe est un seul et même peuple dont
les différentes nations européennes sont des provinces, et
l'humanité tout entière n'est qu'une seule et même nation

qui doit être régie par la loi d'une nation bien ordonnée, à savoir, la loi de justice, qui est la loi de liberté. La politique est distincte de la morale, mais elle n'y peut être opposée. Et qu'est-ce que toutes les maximes inhumaines et tyranniques d'une politique surannée devant les grandes lois de la morale éternelle ? Au risque d'être pris pour ce que je suis, c'est-à-dire pour un philosophe, je déclare que je nourris l'espérance de voir peu à peu se former un gouvernement de l'Europe entière, à l'image du gouvernement que la Révolution française a donnée à la France. La sainte alliance qui s'est élevée il y a quelques années entre les rois de l'Europe est une semence heureuse que l'avenir développera, non seulement au profit de la paix, déjà si excellente en elle-même, mais au profit de la justice et de la liberté européenne. »

« Si nous étions à une époque où les différentes nations de l'Europe fussent isolées entr'elles, assurément il serait fort possible qu'un système parût à Londres sans avoir aucune influence sur celui qui paraîtra plus tard à Paris; mais loin de là, l'Europe est UNE, profondément une au XVIIIe siècle.

» Des communications rapides et continuelles de tout genre, l'imprimerie et la presse périodique unissent intimement l'Angleterre, la France et l'Allemagne, et aussitôt qu'un système paraît au XVIIIe siècle dans tel ou tel point de l'Europe civilisée, il se répand et il est connu presque immédiatement au point le plus distant de la civilisation européenne. »

DESTUTT DE TRACY : « Les nations sont, à l'égard les unes des autres, dans l'état où seraient des hommes sauvages qui, n'appartenant à aucune nation, et n'ayant entre eux aucun lien social, n'auraient aucun tribunal à évoquer, aucune force publique à réclamer pour en être protégés ; il faudrait bien qu'ils se servissent chacun de leur force individuelle pour se conserver. »

ÉRASME : « S'il est une chose ici bas à combattre énergiquement, à repousser, à fuir par tous les moyens possibles, sans doute, c'est la guerre ; car rien n'est plus impie, plus fatal, rien n'étend plus loin ses ravages, ne persiste avec plus d'obstination, rien n'est plus abominable et plus indigne de l'homme, pour ne pas dire du chrétien. C'est une chose étrange que la facilité avec laquelle on combat aujourd'hui de toutes parts, sans raison ou pour le motif le plus futile, avec quelle barbarie, quelle férocité ; et je ne parle pas seulement des jeunes gens à qui la guerre est inconnue, mais des vieillards qui en ont fait la triste expérience, ni du peuple, et du vulgaire toujours en émoi, mais surtout des princes, dont le devoir serait de réprimer, par la sagesse et la raison, la fougue irréfléchie d'une multitude insensée. Il ne manque pas d'homme pour jeter des torches à cet incendie ; aussi la guerre est-elle aujourd'hui si bien reçue que l'on s'étonne de la voir odieuse à quelques hommes, et tellement approuvée, que c'est le fait d'un impie, je dirai presque d'un hérétique, de la blâmer comme le comble du malheur et du crime. Ce qui devrait nous étonner, c'est qu'un mauvais génie, une peste, je ne sais quelle débauche et quelle fureur aient pu jeter dans le cœur de l'homme une passion si brutale que cet animal tranquille, créé pour la paix et la bienveillance, et commis au salut universel, se rue à sa perte mutuelle au milieu des tumultes les plus insensés ; et celui-là, surtout, serait stupéfait, qui s'affranchirait des opinions du vulgaire, pour n'examiner que la nature et l'essence même des choses, et qui jetterait un seul regard, mais un regard de philosophe, sur l'image de l'homme et sur les tableaux que nous étalent les batailles.

» Regardez avant tout la structure du corps humain ; ne voyez-vous pas que la nature, ou plutôt le créateur, n'a pas fait un tel être pour la guerre, mais pour l'amitié, ni pour la perte, mais pour le salut, ni pour l'injure, mais pour le bienfait ? Tandis que chaque animal est doué d'armes naturelles, l'homme seul a été créé nu, faible, désarmé, revêtu d'une chair molle, d'une peau légère. Peu de temps après leur naissance, les autres animaux sont à peu près capables de suffire à leur propre conservation ; l'homme vient au monde de telle sorte qu'il dépend longtemps de l'aide d'autrui. Il ne sait ni parler, ni marcher, ni se nourrir ; il n'implore du secours que par ses vagissements, d'où l'on peut conclure qu'il naît tout entier pour l'amitié, dont le premier lien, et le plus solide, est la réciprocité des services. Enfin, la nature a voulu que l'homme dût le bienfait de l'existence, non pas tant à lui-même, qu'à la bonté de ceux qui l'entourent, afin qu'il se reconnût ainsi voué aux bons offices et à la vie sociale. Elle ne lui a pas donné, comme aux autres créatures, une apparence horrible et farouche, mais douce et paisible, un visage qui respire l'amour et la bienveillance, des yeux amis où se reflètent ses pensées, des bras qui se courbent pour embrasser, et le sens du baiser qui marie et confond les âmes. A lui seul appartient le rire, indice de la joie, les larmes, symboles de clémence et de pitié, et la voix dont la douceur amicale est si différente des sons menaçants de la brute. C'était peu à son gré : elle joignit à ces dons l'usage de la parole et de la raison, si puissantes pour exciter et maintenir les bons rapports, s'opposant ainsi à ce que la violence décidât des affaires humaines. Elle déposa dans nos cœurs les germes de la bonté, et avec elle la haine de la solitude, l'amour de la société. Ainsi elle fit notre suprême félicité de ce qui nous est le plus utile au monde : quoi de plus suave que l'amitié, et aussi quoi de plus nécessaire ? Fût-il permis aux hommes de mener une vie facile, exempte de tout commerce mutuel, ils ne sauraient lui donner quelques charmes qu'en choisissant des compagnons, à moins qu'ils ne dépouillassent leur nature humaine pour dégénérer en bêtes. Ce n'est pas tout : nous devons encore à la Providence l'amour des arts libéraux, l'ardeur du savoir, cette sublime ardeur qui extirpe de notre cœur jusqu'aux dernières traces de barbarie, cette puissante conciliatrice des liaisons humaines : car il n'est parenté, ni lien du sang qui unisse plus fortement les âmes, et par des nœuds plus étroits, que la communauté des études libérales. N'oublions pas le désir de bien mériter de notre prochain, même sans espoir de récompense. C'est une étincelle de l'intelligence divine dont le propre est de veiller par ses bienfaits au bonheur de tous. Autrement, d'où nous viendrait ce plaisir si peu vulgaire que nous donne la conscience d'avoir sauvé quelqu'un, et ces amitiés qui se forment d'homme à homme pour la seule obligation d'un service rendu ? Oui, Dieu a placé l'homme sur la terre comme un simulacre de lui-même, comme une divinité terrestre chargée de veiller au salut de tous. Et si telle est l'image de l'homme, faisons maintenant le tableau de la guerre.

» Figurez-vous ces barbares cohortes, horribles par le visage seul et par le son de la voix. De part et d'autre, des

troupes bardées de fer et rangées en bataille, le fracas, l'é-
clat des armes, les frémissements de cette multitude, ses
yeux menaçants, les sons rauques du cor, le chant de la
trompette, les foudres des canons aussi terribles, mais plus
nuisibles que celles du ciel, ces clameurs insensées, ce
choc, ces déchirements furieux, les cris des blessés et des
mourants, les champs humides, les fleuves rouges de sang!
Le frère attaque le frère, le parent le parent, l'ami l'ami, et
dans cette orgie de rage, nous perçons les entrailles d'un
homme qui ne nous a pas même offensé en paroles. Enfin,
cette tragédie est si funeste que son souvenir seul soulève
le cœur. Je passe sous silence des maux vulgaires ou légers
auprès de ceux-là; les moissons écrasées, les fermes et les
villages en feu, les troupeaux enlevées, les vierges violées;
les vieillards captifs, les temples pillés, partout vol et pil-
lage, partout violence et confusion ! Je tais les conséquences
de la guerre la plus heureuse et la plus juste, les peuples
dépouillés, les grands pressurés, les vieillards sans famille
et frappés plus cruellement dans leurs enfants morts que
si l'ennemi, avec la vie, leur eût enlevé le sentiment de
leur détresse. Tant de femmes misérables en cheveux blancs,
tant de matrones veuves, tant d'enfants orphelins, tant de
maisons en deuil, tant de riches réduits à mendier ! Que
dirai-je de la corruption des mœurs ? Tout le monde ne
sait-il pas que la guerre engendre toutes les pestes de
l'existence ? C'est de là que nous viennent le mépris de la
piété, l'oubli des lois, l'audace de tous les crimes. C'est la
source qui nous vomit tant de pillards, de sacriléges, de
meurtriers : et, chose fatale, ce fléau ne peut se contenir
dans ses propres limites; mais, né dans un coin du monde,
il envahit par la contagion les nations voisines, et par l'ap-
pât de l'argent, ou sous un prétexte de traités et d'alliance,
entraîne les plus éloignées au commun tumulte, à la tempête universelle. La guerre sème la guerre : de feinte, elle
devient réelle ; de petite immense ; et il n'est pas rare de
voir, en telles occasions, ce que la fable dit du monstre de
Lerne.

» Oui, c'est, à mon avis, une chose plus que brutale, plus
que bestiale ! Et d'abord, la plupart des brutes vivent en
paix, en bonne amitié avec les brutes de leur espèce. Elles
marchent par troupes, et se protègent par une aide réci-
proque. Tous les animaux ne combattent pas; il en est d'i-

noffensifs, comme les daims et les lièvres), mais seulement
les plus sauvages, tels que les lions, les loups et les tigres ;
encore ne se déchirent-ils pas l'un l'autre, comme nous le faisons ; le chien ne mange pas la chair du chien, les fureurs
des lions ne luttent pas entre elles, le serpent vit en paix
avec le serpent, il y a concorde entre leurs poisons. Mais
est-il une bête féroce plus pernicieuse à l'homme que
l'homme lui-même ? Du moins, lorsque les animaux combattent, ils ne font usage que de leurs armes naturelles ;
nous, mécontents de la nature, nous employons celles que
l'art des démons nous a enseignées. L'animal n'entre pas
en furie pour la moindre cause, mais seulement lorsqu'il y
est poussé par la faim, par le besoin de se défendre, par le
danger de ses petits ; nous, Dieu immortel ! pour quels sujets frivoles réveillons-nous la tragédie des combats ! Pour
de vains titres d'autorité, pour des querelles d'enfants,
pour une femmelette, pour des motifs plus ridicules encore.
En outre, chez les brutes, la guerre se fait de seul à seul,
elle est courte, et le duel le plus sanglant est celui où l'un
des combattants se retire blessé. Quand avons-nous appris
des animaux ce que nous voyons tous les jours chez nous :
— Cent mille bêtes ont succombé sous des morsures mu-
tuelles ! — Ajoutez à cela que si telles bêtes ont une haine
naturelle pour d'autres d'une espèce différente, il en est
certaines à qui elles conservent une amitié de race ; tandis
qu'il y a lutte de tout homme à tout homme, du premier
venu au premier venu, et qu'il n'est pas de mortels unis
par des liens indissolubles. Tant il est vrai que toute chose
détournée de sa nature dégénère et devient pire que si elle
tenait sa méchanceté de la nature elle-même !

» Voulez-vous juger la guerre ? — Avez-vous jamais vu
un lion lutter avec un ours ? Quelles gueules béantes! quels
cris! quels rugissements! quelle férocité! quelles morsures! On tremble même à voir ce spectacle d'un lieu sûr.
Mais combien est plus épouvantable le combat de l'homme
avec l'homme! Qui reconnaîtrait là une créature humaine,
si l'habitude n'avait fermé nos yeux à la stupéfaction.
Voyez ces yeux ardents, ce visage pâle, cette rage de la
marche, ces grincements de dents ; tout l'homme est de
fer, les armes se heurtent, les canons foudroient! Il y avait
moins de barbarie à dévorer l'homme pour s'en nourrir, à
boire son sang (et cela s'est vu), qu'à faire par haine seule-

ment ce qu'excuserait du moins le besoin et l'utilité. — Non ! je ne vois plus là trace humaine, et croyez-vous que la nature reconnaîtrait son ouvrage, et qu'elle n'eût pas sujet de maudire en ces termes notre impiété :

» Quel est ce nouveau spectacle ? Quel Tartare nous a vomi ce fléau ? Il en est qui m'appellent marâtre, parce que dans une œuvre aussi immense j'ai créé quelques poisons que l'homme peut changer en remèdes, parce que j'ai fait des animaux cruels, et il n'en est point de si farouche que les soins et l'adresse ne puissent adoucir. Quelle est donc la puissance plus que marâtre qui nous a légué ce monstre nouveau, cette peste du monde entier. J'ai fait un animal, un seul, pour la douceur, l'amitié, la paix et le bien, quel accident l'a fait dégénérer en bête carnassière ? Je ne retrouve rien de l'homme que j'ai créé. Quel mauvais génie a corrompu mon œuvre, quelle magicienne a ensorcelé l'esprit humain et désensorcelé celui de la bête : quelle Circé a changé leur nature première ? Je voudrais que l'infortuné se vît dans un miroir ; mais, l'esprit absent, que verraient les yeux ? Regarde-toi cependant, si tu peux, furieux combattant, regarde si quelque chose peut t'arrêter ! D'où te viennent cette crête menaçante, ce casque étincelant, d'où ces cornes de fer, ces coudes aigus, ces lames, ces écailles, ces dents d'airain ; d'où ces dards mortels, ces éclairs, cette foudre ? Je t'avais fait un animal presque divin, quelle folie t'a transformé en une bête si hideuse que toutes, comparées à toi, ne seraient plus des bêtes ? — N'est-ce pas ainsi que parlerait la nature, architecte du monde ?

» L'homme étant de sa nature tel que je l'ai dépeint, et la guerre telle que nous la voyons trop souvent, on peut chercher avec étonnement comment elle a pris naissance. Ce n'est que par de nombreux dégrés que l'on a pu tomber à un tel point de démence. *Personne ne devient tout-à-coup aussi vil*, dit le poëte satyrique, et les plus grands des maux se glissent toujours chez l'homme sous l'ombre et l'apparence du bien.

» Jadis, quand les premiers mortels, sauvages et nus, habitaient les forêts, sans toits et sans murailles, il leur arriva fréquemment de souffrir les atteintes des bêtes féroces. Ce fut avec elles que les hommes engagèrent leurs premières luttes, et l'on vantait comme brave, et l'on prenait

pour chef celui qui les repoussait loin de ses compagnons.
Il paraissait juste alors de rendre blessure pour blessure,
mort pour mort, et de repousser des attaques qui n'étaient
motivées par aucune violence. Une gloire singulière s'atta-
chait à de pareils exploits, et c'est ainsi qu'Hercule devint
un Dieu. L'ardente jeunesse se mit à chasser çà et là les
animaux des forêts et à faire parade de son butin et de ses
trophées ; puis, non content de les mettre à mort, on em-
ploya leurs peaux contre les rigueurs de l'hiver, et ce furent les premiers meurtres, les premières dépouilles.... Cependant, il ne semblait pas qu'il y eût cruauté à combattre
toute sorte d'animaux, pourvu qu'on s'abstint d'égorger
l'homme. Peut-être est-il en notre pouvoir de ne pas nous
laisser envahir par les vices, comme par les flots de la mer ;
mais quant à fixer des limites à celui que nous avons une
fois **admis**, c'est ce que nous ne saurions faire ; dès qu'il
s'est établi chez nous, entraîné par son impétuosité, il n'a
plus notre volonté pour frein. Exercé à la cruauté par cet
apprentissage, conseillé par sa colère, l'homme attaqua
l'homme lui-même, à coups de poings, à coups de massue,
à coups de pierres, car ce furent là ses premières armes :
il avait appris, par la mort des animaux, que l'homme
pouvait être frappé à son tour, et avec moins de peine.
Longtemps on s'en tint à des engagements particuliers, la
chûte d'un seul combattant terminait la lutte, souvent tous
deux succombaient, mais tous deux indignes de vivre, et
la mort d'un ennemi donnait à ces combats une apparence
de justice. C'est alors qu'on éleva très haut celui qui pur-
geait le monde d'un tyran violent et pernicieux, tels que
furent, dit-on, Cacus et Busiris ; aussi voyons-nous que l'on
fit de semblables triomphes des titres de gloire pour Hercule. Puis les hommes combattirent attroupés, selon que la
parenté, le voisinage et l'amitié les avaient unis, et ce qui
n'est maintenant que brigandage fut la guerre de ces
temps-là. Les armes étaient des pierres, des bâtons durcis
au feu ; un ruisseau, un rocher ou un obstacle semblable
arrêtait la mêlée. Cependant la violence grandit par l'habitude ; la colère, l'ambition plus ardentes arment leur fureur
de ruse et d'intelligence ; on invente des armures pour se
défendre, des traits pour atteindre l'ennemi ; déjà de toutes
parts des bras plus nombreux, mieux armés, se menacent
et se déchirent. Cette rage manifeste eut à son tour sa part

de gloire : guerre elle fut appelée, et celui-là passa pour
courageux qui, au péril de sa tête, défendit contre ses ennemis ses enfants, sa femme, ses troupeaux et sa retraite
domestique. Peu à peu l'art des combats suivant la marche
de la civilisation, la guerre s'alluma dans l'univers entier,
mais c'était plutôt une lutte de courage et de gloire, qu'un
désir avide de verser le sang, et l'on ne s'attaquait qu'aux
étrangers. Ce fut la naissance des empires, et pas un ne
grandit dont le pied ne fût baigné par des flots de sang.
Dès-lors les guerres se multiplient; chacun s'efforce à dépouiller autrui, à s'enrichir de son royaume; le pouvoir
tombant aux mains des plus scélérats, les armes s'ébran-
lent à leur caprice; ce n'est pas le coupable, mais le riche
que menacent les plus grands périls, et l'on ne combat plus
pour la gloire, mais pour un gain sordide, ou quelque intérêt aussi détestable. Je ne doute pas que le sage Pytha-
gore n'ait pressenti tout cela, lorsque, dans ses fictions
philosophiques, il exhortait la foule à s'abstenir de la chair
des troupeaux : il prévoyait que des hommes qui, sans injure à venger, s'habituaient à déchirer des animaux inof-
fensifs, échauffés par la colère, provoqués par des dom-
mages, n'hésiteraient pas à massacrer leurs semblables.
Qu'est-ce que la guerre, sinon un immense homicide, un
grand brigandage en commun? Après ces premiers essais,
on en est venu à un tel point de folie, que toute notre vie
se passe à combattre : nous guerroyons assidûment, peuple
contre peuple, royaume contre royaume, ville contre ville;
et (ce que les païens confessaient une impiété), allié contre
allié, parent contre parent, enfin chrétien contre homme,
et chose plus hideuse que toutes, chrétien contre chrétien.
O aveuglement de l'esprit humain, personne ne s'en étonne;
personne n'en a horreur; il est des hommes qui applaudis-
sent, qui élèvent aux nues, qui proclament sainte une
chose plus qu'infernale, qui aiguillonnent la fureur naturelle des princes, et jettent, ce sont leurs termes, de l'huile
sur le brasier !

» Après avoir comparé l'homme à la guerre, c'est-à-dire
l'animal le plus doux au monstre le plus féroce, comparons
celle-ci à la paix. Cette opposition rendra plus évidente
l'atrocité des batailles, et la folie des hommes qui recher-
chent les combats avec de si grands tumultes, de si grands
travaux, tant de peines, de hasards et de calamités, tandis

qu'ils pourraient acheter la paix à bien meilleur prix. Nous avons dit que rien n'était plus doux que l'amitié ; or, la paix est l'amitié des peuples, la guerre leur haine et leur discorde : telle est la nature du bien que, plus il s'étend, plus de profits il entraîne, et si l'union de deux hommes est si agréable, si salutaire, quelle source de félicité dans la concorde des peuples et des royaumes ! Au contraire, plus le mal se répand, plus il mérite son nom, et si nous détestons le duel d'un seul à un seul, entre des milliers d'hommes combien n'est-il pas plus déplorable et plus infâme ? La concorde grandit les petites choses, la discorde ruine les grandes ; la paix est la mère et la nourrice de tout bien ; la guerre en un instant et d'un seul coup de foudre, engloutit, écrase, anéantit toute joie, toute beauté et vomit aux mortels une hydre de calamités et de crimes. Dans les temps de paix, il semble qu'un printemps nouveau ranime la sève des choses humaines ; les champs se défrichent, les jardins fleurissent, les troupeaux paissent en sécurité, les villes et les fermes s'élèvent, les ruines se redressent, les monuments déjà bâtis s'ornent et s'agrandissent. La paix augmente les richesses, nourrit les plaisirs, affermit les rois, assure l'ordre de la République, donne de la vigueur à la religion, de la force à l'équité, polit les mœurs, perfectionne les arts, augmente le gain du peuple, remplit les coffres des riches. C'est à la paix que l'on doit le crédit des arts et des lettres, l'instruction de la jeunesse, les tranquilles loisirs des vieillards, et les heureux mariages des jeunes filles, enfin l'autorité des bons et l'amendement des méchants. Mais au premier éclat de la tempête guerrière, Dieu immortel ! quel mer de désastre envahit le monde. Les troupeaux enlevés, les moissons écrasées, les laboureurs égorgés, les fermes en cendre, les cités florissantes et agrandies par tant de siècles, ruinées par l'orage d'un seul jour ; voilà ses beaux résultats. Les richesses des citoyens passent au pouvoir des sicaires et d'exécrables larrons ; partout la crainte, partout le deuil et les lamentations. Plus de travail aux artisans ; aux pauvres, la faim ou les ressources impies ; le riche déplore sa fortune perdue, ou tremble s'il l'a conservée ; les mariages des vierges sont nuls, ou tristes ou funestes, les matrones désolées languissent stériles à leurs foyers vides, les lois, l'humanité sont en dérision ; l'équité n'a plus de retraite, la religion, les

lettres et les arts sont méprisés, le sacré et le profane
confondus; la jeunesse se corrompt à l'école de tous les
vices, les vieillards en deuil maudissent leurs cheveux
blancs, trop de maux, hélas! tourmentaient, épuisaient sans
relâche la malheureuse humanité. N'est-ce pas assez que
tant de maladies nous dévorent, que tant de villes soient
détruites, englouties par des tremblements de terre, incen-
diées par la foudre, ou noyées par la mer et les fleuves, et
désolées par la peste, le poison et l'assassinat; il n'est aucun lieu où la vie humaine, si fragile d'elle-même, ne soit
en péril, et les calamités qui nous envahissent sont telles,
qu'Homère nous appelait le plus misérable des animaux.
Mais ces malheurs que nous ne pouvons éviter, et qui ne
sont pas causés par notre propre démence, nous font misérables sans nous rendre criminels. Quel plaisir trouvons-
nous, exposés à ces tourments, à affronter un mal plus
grand que tous, comme s'il manquait à notre misère un
mal si fécond qu'il contient tous les autres, si fatal qu'il ne
fait pas les mortels moins coupables qu'infortunés, et que
ces infortunés mêmes ne méritent aucune pitié, excepté,
toutefois, ceux qui exècrent la guerre, et ce sont ceux-là
qui en souffrent le plus. Ajoutez à cela que les bienfaits de
la paix se répandent au loin et se font sentir à tout le
monde; mais s'il peut sortir quelque bien de la guerre (et
que peut-elle engendrer, ô Dieu! qui mérite ce nom!), ces
profits ne sont que pour quelques hommes, et tous indignes;
pour des scélérats, des soldats mercenaires et des chefs dont
les artifices ont soufflé la discorde, et pour qui les affaires de
l'État ne vont jamais mieux que lorsque la République est
sur le point de faire naufrage et qu'on la pille à loisir.
D'ailleurs, le salut de l'un est la perte de l'autre, la richesse
de l'un, la dépouille de l'autre; son triomple est le deuil de
son prochain, et je n'aperçois que malheur effroyable ou
félicité sanglante et barbare. Encore, voyons-nous le plus
souvent ce que l'on appelle une *victoire thébaine*, c'est-à-
dire pleurs des deux côtés. Je doute fort qu'une guerre ait
jamais eu si heureux succès que le vainqueur, s'il était
sage, n'ait pas eu regret de l'avoir entreprise.

Comment donc se fait-il que de deux choses, l'une si
misérable et si infâme, l'autre si douce et si désirable, les
hommes, à moins d'être fous, pouvant acquérir celle-ci à
peu de frais, préfèrent l'autre avec tous ses embarras?

Voyez combien sont odieux les premiers bruits de
guerre, quelle haine pour le prince réduit à écraser son
peuple d'impôts ; que de peine pour s'adjoindre, pour retenir des alliés, pour appeler des cohortes barbares et mercenaires, quelles dépenses, quels soins pour équiper des
flottes, pour construire et munir les forts et les places, pour
fabriquer et transporter les machines, les armes, les ba-
gages, les chariots et les vivres ! Que de travaux pour
creuser les fossés et les mines ! — Comptez les veilles, les
campements, les exercices et toutes les incommodités que
souffrent dans les camps des soldats insensés et dignes
d'en supporter de plus grandes encore, puisqu'ils courent
au-devant de celles-là : une nourriture que refuserait un
bœuf de Chypre, un lit dont ne voudrait pas un scarabée,
rarement du repos et jamais à leur gré, des tentes ouvertes
à tous les vents, si toutefois il est des tentes ! Et puis cou-
cher sur la dure, à la belle étoile, obéir à des chefs, tendre
le dos aux verges ! Est-il une servitude plus indigne que
celle du soldat ? Le fatal signal est donné. Il faut courir au
trépas, tuer ou tomber soi-même, et tout cela pour obtenir
le plus triste des résultats. Nous ne nous condamnons à
tant de misères que pour les faire subir à d'autres. Que si
nous voulons compter, et par des calculs certains, combien
coûte la guerre, combien la paix, nous trouverons certainement que celle-ci peut s'obtenir par dix fois moins de
travaux, de peines et de dépenses, et enfin de sang humain.

« Tu conduis tant d'hommes à la mort pour détruire une
ville ; ils auraient pu, sans périls, t'en construire une plus
belle ; mais tu veux nuire à l'ennemi. C'est déjà le fait d'un
barbare ; regarde aussi que tu ne peux lui faire de tort sans
t'en faire à toi-même. Il faut être insensé pour se condamner à des maux certains, ignorant quel parti favorisera la
fortune. Mais soit que la folie, la coterie, l'ambition, l'a-
varice et la cruauté entraînent les païens à ces luttes insensées, comment nous, chrétiens, osons-nous tirer le fer
contre des chrétiens ? Nous détestons comme un fratricide
le meurtre du frère par le frère, la parenté est encore plus
étroite entre frères chrétiens, à moins que les liens de la
nature ne soient plus puissants que ceux du Christ... Est-ce
donc une parole vaine que celle de saint Paul : *L'Eglise n'est
qu'un seul corps formé de divers membres dont la tête com-*

mune est le Christ. Qui a vu l'œil lutter avec la main, le ventre avec le pied, et cependant toutes les infamies des gentils sont imitées, égalées, surpassées par nous ! Que de tempêtes, que de furies, que de traités rompus, que de carnages ont étalé à nos yeux ces dernières années ! Nous ne laissons échapper aucune occasion de guerre. Examinez cependant les combats des anciens, la guerre chez les chrétiens vous paraîtra un brigandage, et tout ce qui s'y passe est trop obscure et trop atroce pour être raconté..... Nous détestons le bourreau qui, à prix d'argent, met à mort, en vertu de l'autorité légale, des hommes nuisibles et condamnés ; et celui qui court de lui-même à une si détestable boucherie est mieux accueilli à son retour que s'il n'avait jamais quitté ses foyers ; il se fait gloire de ses forfaits. Il y a infamie à voler un vêtement, et le soldat qui dépouille tant d'innocents est mis au rang des gens de bien. Le plus cruel est jugé digne de commander dans la guerre prochaine.

» Examinons les raisons par lesquelles on prétend justifier la guerre (1)...

» Il est permis, nous dit-on, de faire périr un méchant, donc on peut se venger d'une ville par la guerre. — Ce que l'on peut répondre ici est trop long pour que je m'étende sur cette question : je ne dirai qu'un mot. — L'homme convaincu d'un crime par le tribunal, satisfait aux lois par son supplice ; ici le mal ne retourne qu'à son auteur, et tous profitent de l'exemple. Dans la guerre, chaque parti fait l'autre coupable, et la plus grande somme des maux fond sur les hommes les moins dignes de les souffrir, les agriculteurs, les vieillards, les matrones, les orphelins, les jeunes filles. Dans le premier cas, un homme est frappé sans miséricorde pour assurer le salut de tous ; dans l'autre, pour venger le sort d'un petit nombre d'hommes, d'un seul peut-être, nous affligeons cruellement des milliers

---

(1) Ici Erasme s'étend longuement sur cette question religieuse : La guerre est-elle permise par l'exemple des Juifs, etc.... Il s'appuie ensuite des préceptes évangéliques pour proclamer la guerre impie de toutes les façons, même dans le cas de défense ; obligé d'abréger, nous avons supprimé toute cette partie, ainsi que le passage où il condamne, avec autant de force que de raison, les conversions à main armée. (*Note du Traducteur*, VICTORIEN SARDOU.)

d'innocents. Ne vaut-il pas mieux abandonner une blessure que l'on ne peut guérir sans un grave préjudice de
tout le corps ? Si quelqu'un s'écrie : Il est mal de ne pas
punir un coupable, je réponds qu'il est bien plus mal de
réduire à la misère tant de gens qui ne l'ont pas méritée.
D'ailleurs, aujourd'hui, les sources de toutes les guerres sont
je ne sais quels titres ou quels traités ambitieux des princes qui, en voulant soumettre à leur domination une méchante petite ville, mettent tout le royaume en péril, et cela,
pour donner plus tard ou revendre ce qu'ils auront acquis
par tant de sang. Mais, dira-t-on, ne voulez-vous pas que
les princes maintiennent leurs droits ? — Je sais qu'il n'appartient pas à mes semblables de disputer si audacieuse-
ment des affaires royales, et, bien qu'il n'y ait aucun danger à le faire, cela nous entraînerait trop loin. Je dirai seulement que si l'on voit dans un titre quelconque une cause
suffisante de guerre, au milieu de si grandes vicissitudes
des choses humaines, après tant de révolutions, il n'est
personne qui n'ait un titre à faire valoir. Quelle race n'a
pas été chassée de ses domaines et n'en a pas chassé d'autres à son tour ! que d'émigrations ! Et que de fois la fortune
ou les traités ont fait passer l'empire d'une main à une
autre ! Que les Padouans réclament le territoire de Troie
parce que Antémor était Troyen, que les Romains réclament l'Afrique et l'Espagne pour avoir autrefois possédé
ces provinces ! Ajoutez à cela que ce que nous appelons
propriété, n'est après tout qu'une *administration*. La justice n'est pas la même à l'égard des troupeaux et des hommes nés libres. Un peuple possédait des droits ; il con-
sentit à s'en démettre en votre faveur, mais, je me trompe
fort, ou celui qui vous les a donnés peut vous les enlever.
Voyez aussi la grande importance de l'intérêt qu'on débat.
On ne lutte pas pour savoir si telle ou telle ville obéira à
un bon prince plutôt qu'à un tyran, mais si elle appartien-
dra à Ferdinand ou à Sigismond, si elle paiera l'impôt à
Louis ou à Philippe. Voilà ce beau droit qui met tout l'univers à feu et à sang. Eh bien ! j'y consens, qu'il ait autant
de force que l'on voudra, que l'on ne fasse aucune différence entre le champ d'un particulier et une cité tout entière, entre le bétail que vous aurez acheté et des hommes nés libres, et, bien plus, chrétiens ; du moins le devoir d'un homme sage est d'examiner si l'objet débattu est

de si grande importance qu'il faille le disputer par tant de
maux. Si vous ne pouvez montrer les sentiments d'un
prince, déployez l'adresse du négociant : il s'inquiète peu
d'une perte qu'il ne pourrait éviter sans un plus grave
dommage, et il considère comme un véritable gain le com-
promis qu'il fait avec la fortune, en abandonnant quelque
peu du sien. Si, toutefois, la méchanceté des hommes vous
contraint malgré vous à la guerre, après avoir essayé tous
les moyens, tenté tous les efforts par amour de la paix,
confiez à de méchants hommes le soin d'une méchante
chose, et tâchez qu'on la termine avec le moins de sang
possible. Mais avant tout, n'examinez pas seulement le but
que vous voulez atteindre, mais les pertes de bien, les
dangers et les tourments qu'il faut essuyer pour y parvenir;
car il faut voir par quelle admirable providence le succès
est tout autre qu'on ne pensait. Nous voulons sottement
éviter un mal, nous tombons dans un pire ; nous ne pouvons
supporter une légère injure et nous nous condamnons
nous-mêmes aux plus graves outrages; nous cherchons im-
prudemment la liberté, et nous nous précipitons dans les fi-
lets d'une odieuse servitude; nous ambitionnons un petit gain,
et nous nous affligeons de pertes immenses. Si vous agissez
par amour de la gloire, n'est-il pas plus beau de conserver que de perdre, de bâtir que de démolir; si, par avidité,
comptez un peu, et il vous sera loisible d'aimer la guerre
quand vous aurez envisagé les dépenses incalculables par
lesquelles vous cherchez un profit bien moindre, et qui
plus est incertain. Mais, dites-vous, ce que je fais est dans
l'intérêt de la République; cette voie est la meilleure de
toutes pour la conduire à sa perte. Avant de commencer,
vous aurez plus nui à votre patrie, que, vainqueur, vous ne
lui seriez utile. Si vous aimez réellement vos sujets, que ne
faites-vous ces réflexions? Mais, quelques jeunes gens sans
expérience, enflammés par les récits d'une histoire où des
fous ont consigné les exploits d'autres fous, prennent le
parti des combats avec plus de témérité que de méchanceté,
ce que d'autres à leur tour font par ambition, par une haine
secrète ou par une férocité naturelle.

» Enfin, il est des hommes qui ne poussent à ces moyens
extrêmes que pour fonder ainsi leur tyrannie. Dans les jours
de paix, l'autorité du Sénat, le respect des magistrats, la
vigueur des lois s'opposent à ce qu'un prince prenne son

caprice pour règle ; mais à peine la guerre est-elle déclarée que tout le pouvoir retombe dans les mains effrénées de quelques hommes. La faveur ou la haine du prince décide de la grandeur ou de l'abaissement des citoyens, il exige autant d'argent qu'il lui plaît, que dirai-je de plus ; c'est alors qu'il se sent vraiment roi ! Pensez-vous qu'avec de telles pensées on évite la plus petite occasion de guerre ?

FÉNELON : « Les Etats voisins les uns des autres ne sont pas seulement obligés à se traiter mutuellement selon les règles de justice et de bonne foi ; ils doivent encore, pour leur sureté particulière, autant que pour l'intérêt commun, faire une espèce de société et de république générale.

» Il faut compter qu'à la longue la plus grande puissance prévaut toujours et renverse les autres, si les autres ne se réunissent pour faire le contrepoids.

» L'humanité met donc un devoir mutuel de défense du salut commun entre les nations voisines, contre un Etat voisin qui devient trop puissant, comme il y a des devoirs mutuels entre les concitoyens pour la liberté de la patrie, Si le citoyen doit beaucoup à sa patrie, dont il est membre, chaque nation doit, à plus forte raison, bien davantage au repos et au salut de la république universelle dont elle est membre, et dans laquelle sont renfermées toutes les patries des particuliers.

» Les ligues défensives sont donc justes et nécessaires, quand il s'agit véritablement de prévenir une trop grande puissance qui serait en état de tout envahir.

» Toutes les nations de la terre ne sont que les différentes familles d'une même république. »

FRANCKLIN : « Dans mon opinion, il n'y a jamais eu ni *bonne guerre*, ni mauvaise paix. De quelles immenses améliorations pour les agréments et les commodités de la vie se serait enrichie l'espèce humaine, si l'argent dépensé pour la guerre avait été employé à des ouvrages d'utilité publique ! Quelle extension l'agriculture n'aurait-elle pas reçue, même jusqu'au sommet de nos montagnes ! Combien de rivières rendues navigables ou réunies par des canaux ! Que de ponts, d'aqueducs, de nouvelles routes ; que d'autres ouvrages publics, que d'édifices et d'améliorations qui auraient fait de l'Angleterre un vrai paradis terrestre ! Voilà ce que

l'on aurait obtenu si l'on avait consacré à faire le bien tant
de millions consumés pour faire le mal, pour porter la misère dans plusieurs milliers de familles, et pour ôter la vie
à tant de milliers d'êtres laborieux dont le travail pouvait
être utile ! »   (*A sir Joseph Banks*. Passy, le 27 juillet 1783.)

D'HOLBACH : « Les chefs des peuples les plus civilisés
n'ont pu encore se guérir de la frénésie de la guerre, qui
décèle en eux des dispositions vraiment sauvages, et direc-
tement contraires au bonheur des sociétés, pour qui la paix
sera toujours le plus grand des biens. Est-il rien, en effet,
qui mette plus d'obstacles à la félicité publique, aux progrès de la raison humaine, à la civilisation complète des
hommes, que les guerres continuelles dans lesquelles des
princes inconsidérés se laissent entraîner à tout moment?
C'est dans cette politique vraiment barbare et déraison-
nable, que nous trouverons la source des maux les plus
cruels et les plus durables qu'éprouvent les nations.

» Ce n'est qu'un épuisement total des ressources qui dé-
termine les princes à la paix. Cette paix, toujours inquiète
et peu sûre, ne semble être elle-même destinée qu'à re-
cueillir de nouvelles forces pour combattre de nouveau.
Aussitôt qu'une nation commence à respirer, à rétablir son
commerce, à se livrer à l'industrie, à cultiver ses terres, un
vertige de cour vient tout d'un coup arrêter tous ses progrès : les campagnes sont dépeuplées pour former des armées ; des impôts accablants écrasent le cultivateur ; le
commerce est détruit ou gêné ; toute activité est suspen-
due ; tout tombe dans la langueur, et l'attention du gouvernement, absorbée par la guerre, ne peut se porter sur
aucun des objets nécessaires au bien-être intérieur.... Le
despotisme a toujours besoin de soldats pour se maintenir.
C'est un état de guerre d'un maître alarmé contre des esclaves chagrins qu'il faut retenir sous le joug.

» ..... Les guerres les plus heureuses n'amènent point la
paix ; elles amènent des guerres nouvelles excitées par la
défiance et les craintes qu'une ambition remuante fait naître
dans les esprits des voisins. De là cette inquiétude universelle répandue dans tous les gouvernements, qui les force
de tenir en tout temps sur pied des armées formidables,
également ruineuses pour tous les États, et dont l'effet est
de rendre la paix même inutile aux nations.

» ..... Le vulgaire stupide a de tout temps admiré et ré-
véré, comme des héros et des dieux, quelques brigands cé-
lèbres que l'histoire ne nous a fait connaître que par leurs
affreux massacres. Quels droits peuvent avoir à l'estime
des hommes tant de gladiateurs mémorables qui, comme
les déluges, les volcans et les contagions, ne se sont illus-
trés que par leurs tristes ravages? Quelles idées sauvages
de gloire peuvent s'être formées des êtres assez extrava-
gants pour nous vanter les hauts faits d'un Alexandre, d'un
César, d'un Pompée? Pline nous apprend que le grand Pompée, après avoir triomphé de plusieurs peuples de l'Asie,
bâ it de leurs dépouilles un temple à Minerve, à l'entrée
duquel il fit mettre l'inscription suivante, bien digne d'être
approuvée par des Romains : « Pompée le Grand, général,
» après avoir terminé une guerre de trente ans; après avoir
» défait, mis en fuite, tué et fait prisonniers deux millions
» cent quatre-vingt-trois mille hommes; après avoir coulé
» à fond ou pris huit cent quarante-six vaisseaux; après
» avoir soumis mille cinq cent trente-huit villes et forte-
» resses; après avoir subjugué tous les pays contenus entre
» la mer Rouge et le Palus-Méotide, s'acquitte justement de
» ce vœu à Minerve. (1). »

LA REINE HORTENSE : « La guerre m'a toujours paru
le fléau de l'humanité; j'espère qu'il viendra une époque
de civilisation où l'on ne comprendra pas comment des
hommes se sacrifiaient pour le bon plaisir et les intérêts
des autres. »

KARR : « Il serait beau de voir élever des statues aux
vrais bienfaiteurs de l'humanité, à ceux qui ont doté le
monde d'une invention utile. Ce serait moins cher et plus
raisonnable. Pourquoi ne pas élever une statue à l'inventeur de la poulie, — à l'inventeur de la scie, — à l'inventeur du cabestan, — à celui qui a importé tel fruit ou tel
légume, etc.? — Mais on n'a gardé de ces hommes ni le
souvenir de leur nom, ni le souvenir de leur visage, — et
on n'a pas oublié les moindres Alexandre, et on leur par-
donnait d'avoir ruiné leur Macédoine, s'ils peuvent prouver

---

(1) PLINE, *Histoire naturelle*, liv. VII, c. 26.

qu'ils avaient bien plus ruiné l'Asie ; on imitait en cela cet envieux qui disait à Jupiter : « Je consens à devenir borgne, » pourvu que mon voisin perde les deux yeux. »

» Est-ce que cela console une mère qui pleure son fils tué, de penser qu'il y a une autre mère qui a perdu deux fils ? Est-ce que le laboureur dont le champ a été ravagé, trouvera une compensation dans l'idée qu'à deux cents lieues de là, on a ravagé les champs de deux laboureurs ? Est-ce que cela fera jaunir le blé dans ses sillons en friche, qu'il y ait des sillons en friche dans d'autres pays ?

» Et cependant, voilà sur quoi s'est fondée jadis la gloire des conquérants : — Je vous ai surchargés d'impôts, j'ai fait de vos champs le tapis vert où je jouais vos fils ; — mais la bataille est finie, — voici les cadavres amoncelés en deux tas, quel est le plus gros ? »

LABRUYÈRE : « Si l'on vous disait que tous les chats d'un grand pays se sont assemblés par milliers dans une plaine et qu'après avoir miaulé tout leur saoul, ils se sont jetés avec fureur les uns sur les autres et ont joué ensemble des dents et de la griffe ; que de cette mêlée il est demeuré de part et d'autre neuf à dix mille chats sur place qui ont infecté l'air à dix lieues de là par leur puanteur, ne diriez-vous pas : Voilà le plus abominable sabbat dont on ait jamais ouï parler ! Et si les loups en faisaient de même, quels hurlements ! quelle boucherie ! Et si les uns ou les autres vous disaient qu'ils *aiment la gloire*, concluriez-vous de ce discours qu'ils la mettent à se trouver à ce beau rendez-vous, à détruire ainsi et à anéantir leur propre espèce ? ou après l'avoir conclu, ne ririez-vous pas de tout votre cœur de *l'ingénuité de ces pauvres bêtes ?* »

LAMARTINE : « Je suis de ces hommes qui pensent qu'une grandeur acquise à la civilisation par une nation quelconque rejaillit sur tous les autres peuples et grandit l'homme lui-même, pourvu qu'elle ne froisse point la nationalité, cette première famille du patriotisme ; je suis de ces hommes qui pensent qu'il y a assez de place, d'espace sur le globe pour tous les grands peuples ; je suis de ces hommes qui pensent que la véritable rivalité, bien plus noble que la jalousie et l'envie, dans les nations, consiste à faire aussi bien, à faire mieux que les nations qu'on admire !

Faire de même de son côté, faire de grandes choses, de plus grandes que nos rivaux, oui, voilà ma rivalité, à moi, la seule que je conseillerai toujours à mon pays. »

« Ce n'est pas la patrie qui court le plus grand danger dans la guerre, c'est la liberté. La guerre est presque toujours une dictature. Les soldats oublient les institutions pour les hommes. Les trônes tentent les ambitieux. La gloire éblouit le patriotisme. Le prestige d'un nom victorieux voile l'attentat contre la souveraineté nationale. »

« Nous sommes à une des plus fortes époques que le genre humain puisse franchir pour avancer vers le but de sa destinée divine : à une époque de rénovation et de transformation, pareille peut-être à l'époque évangélique... Nous allons à une des plus sublimes haltes de l'humanité, à une organisation complète de l'ordre social. Nous entrevoyons, pour les enfants de nos enfants, une série de siècles libres, religieux, moraux, rationnels, un âge de vérité, de raison, de vertu, au milieu des âges... En prenant Dieu pour point de départ et pour but, le bien général de l'humanité pour objet, la morale pour flambeau, la conscience pour juge, la liberté pour route, vous ne courez aucun risque de vous égarer...

» Les hommes de l'Assemblée constituante n'étaient pas des Français, c'étaient des hommes universels. On les méconnaît et on les rapetisse quand on n'y voit que des prêtres, des aristocrates, des plébéiens, des sujets fidèles, des factieux ou des démagogues. Ils étaient, et ils se sentaient eux-mêmes mieux que cela : DES OUVRIERS DE DIEU, appelés par lui à RESTAURER la raison sociale de l'humanité et à RASSEOIR le droit et la justice dans l'univers.

» Aucun d'eux, excepté les opposants à la Révolution, ne renfermait sa pensée dans les limites de la France.

» La déclaration des Droits de l'Homme le prouve. C'était le décalogue du genre humain dans toutes les langues.

» La révolution moderne appelait les gentils comme les juifs au partage de la lumière et de la fraternité.

» Aussi n'y eut-il pas un de ses apôtres qui ne proclamât la paix entre les peuples.

» Mirabeau, la Fayette, Robespierre lui-même, effacèrent la guerre du symbole qu'ils présentaient à la nation. Ce furent les factieux et les ambitieux qui la demandèrent plus tard ; ce ne furent pas les grands révolutionnaires.

» Quand la guerre éclata, la Révolution avait dégénéré. L'Assemblée constituante se serait bien gardé de placer aux frontières de la France la borne de ses vérités, et de renfermer l'âme sympathique de la Révolution française dans un étroit patriotisme. »

LAMENNAIS : « Rousseau regarde le christianisme comme peu propre à former des citoyens, à cause qu'il inspire un esprit de douceur et détache des choses de la terre, c'est-à-dire parce qu'il substitue l'amour universel des hommes à ce farouche patriotisme, si fatal à l'humanité, passion violente et impitoyable, qui ne fait pas que les citoyens s'entr'aiment, mais qui fait que l'on hait tout ce qui n'est pas concitoyen... Lorsqu'on vient à se représenter les affreux effets des haines nationales chez les anciens, l'âme consternée cherche de tous côtés un refuge contre ces souvenirs effroyables. »

« La nation, qui pensait, qui combattait alors, non pas pour elle seule, mais pour l'univers tout entier, reconnaissait pour compatriotes tous les zélateurs de la raison et de la liberté.

» Le patriotisme de la France, comme celui des religions, n'était ni dans la communauté de langue, ni dans la communauté de frontières, mais dans la communauté des idées. »

« S'il existait entre les peuples des tribunaux dont les sentences eussent une sanction suffisante, comme il en existe entre les individus, on verrait peu à peu changer l'opinion en ce qui touche à la guerre ; elle inspirerait la même horreur que tout autre espèce de meurtre, parce qu'elle ne serait plus, en effet, que le meurtre pur et simple. Les développements futurs de la civilisation amèneront-ils une solution semblable ? Je le crois, et le temps ne me paraît pas même extrêmement éloigné pour les nations chrétiennes. Mais, auparavant, il faudra que tous les vieux gouvernements de famille, de caste, disparaissent, avec le droit qui leur sert de base.

» Toutes les familles ne seront qu'une famille, et toutes les nations qu'une nation...

» On avait proclamé le règne de la force ; on lui demanda

une garantie contre elle-même, et de là ce système de balance entre les Etats, balance chimérique qu'on crut fixer par des traités de Westphalie, et qui, dérangée toujours et toujours cherchée, est toujours le grand œuvre des Rose-Croix de la politique. Jamais peut-être il n'y eut plus de guerres, ni des guerres plus sanglantes, ni des usurpations plus iniques et plus audacieuses que depuis l'invention de ce système destiné à les prévenir ; et la loi suprême de l'intérêt, promulguée solennellement par quelques puissances qui veulent voir le fond de cette doctrine, ne semble pas promettre à l'Europe des destinées plus tranquilles à l'avenir. Du reste, les mêmes causes qui détruisirent la grande société des peuples et arrêtèrent le progrès de la civilisation chrétienne, agissant aussi dans chaque Etat, y produisirent des effets semblables. Les rapports de justice furent ébranlés, et le droit sacrifié souvent à l'avarice et à l'ambition. Il était difficile que les maximes par lesquelles les souverains réglaient leur conduite au dehors ne pénétrassent pas plus ou moins dans le gouvernement intérieur, et cela sous des princes même religieux ; parce que, distinguant deux personnes diverses dans le monarque, on se persuadait que la règle des devoirs était autre pour l'homme, autre pour le roi ; à raison de la souveraineté qui légitime tout, n'ayant aucun juge ni aucun supérieur sur la terre. On en a dit autant du peuple, et pour la même raison, lorsqu'on l'a déclaré souverain. Ainsi donc, et ceci mérite qu'on y réfléchisse, en séparant, contre la nature essentielle des choses, l'ordre politique de l'ordre religieux, le monde a été aussitôt menacé d'une anarchie ou d'un despotisme universel ; la sécurité des Etats est demeurée sans garantie, et l'on n'a eu pour garantie qu'une balance illusoire des forces. Chaque Etat soumis, dans son intérieur, à la même cause de désordre, a marché également vers le despotisme et l'anarchie ; et, pour échapper à ces deux fléaux des sociétés humanitaires, qu'a-t-on jusqu'à ce jour imaginé ? Encore une balance des forces, ou, en d'autres termes, des pouvoirs ; voilà tout : on a fait des traités de Westphalie.

» Et comme les nations, divisées par leurs intérêts, seules lois qu'elles reconnaissent en tant que nations, n'ont aucun lien commun, et, au lieu de former entre elles une société véritable, vivent à l'égard les unes des autres dans un état d'indépendance sauvage ; ainsi, là où plusieurs pouvoirs indépendants sont établis, il n'existe non plus aucune vraie société ; l'Etat est perpétuellement en proie à la lutte intestine des intérêts divers qui cherchent à prévaloir. Tous se défendent, tous attaquent ; la pensée de chacun, son désir étant son droit, nul n'est lié envers autrui dans l'ordre politique, et les troubles succèdent aux troubles, les révolutions aux révolutions, jusqu'à ce que cette démocratie de sauvages policés enfante avec douleur un despote. »

LOUIS-PHILIPPE. — « La paix est le besoin de tous les peuples, et la guerre coûte beaucoup trop aujourd'hui pour s'y engager souvent ; je suis persuadé que le jour viendra où, dans le monde civilisé, on ne la fera plus. »
20 juillet 1853.

MASSILLON. — « Les rois s'élèvent contre les rois, les peuples contre les peuples ; les mers, qui les séparent, les rejoignent pour s'entre-détruire : un vil monceau de pierres arme leur fureur et leur vengeance, et des nations entières vont périr et s'ensevelir sous ses murs, pour disputer à qui demeureront ses ruines : la terre n'est pas assez vaste pour les contenir et les fixer chacun dans les bornes que la nature elle-même semble avoir mises aux Etats et aux empires ; chacun veut usurper sur son voisin, et un misérable champ de bataille, qui suffit à peine pour la sépulture de ceux qui l'ont disputé, devient le prix des ruisseaux de sang dont il demeure a jamais souillé. »

MIRABEAU : « Les troupes réglées, les armées perpétuelles n'ont été, ne sont et ne seront bonnes qu'à établir l'autorité arbitraire et à la maintenir ; or je ne suis pas de ces mercenaires qui, ne connaissant que celui dont ils reçoivent la solde, ne se rappellent jamais que cette solde est payée par le peuple ; qui s'honorent de servir un homme, tandis qu'ils devraient se croire uniquement destinés à la défense de leur patrie ; qui volent aux ordres de celui qu'ils appellent leur *maître* (mot infâme, injurieux au peuple et à la nation), sans penser qu'ils se réduisent à porter une livrée plutôt qu'un uniforme, sans savoir que le plus vil, le plus odieux, le plus détestable des métiers est celui de satellite d'un despote, de geôlier de ses frères : le service ne me convient donc pas (1777). »

« Il n'est pas loin de nous, peut-être, ce moment où la liberté, régnant sans rivale sur les deux mondes, réalisera le vœu de la philosophie, absóudra l'espèce humaine du crime de la guerre et proclamera la paix universelle ; alors le bonheur des peuples sera le seul but des législateurs, la seule force des lois, la seule gloire des nations ; alors les passions particulières, transformées en vertus publiques, ne déchireront plus par des querelles sanglantes les nœuds de la fraternité qui doivent unir tous les gouvernements, tous les hommes ; alors, se consommera le pacte de la fédération du genre humain : mais avouons-le à regret, ces considérations, toutes puissantes qu'elles soient, ne peuvent pas seules, dans ce moment, déterminer notre conduite. »

« C'est la faiblesse qui appelle la guerre : une résistance générale serait la paix universelle. »

(25 août 1790. Rapport sur le pacte de famille
au nom du Comité diplomatique.)

MONTAIGNE : « Quant à la guerre, qui est la plus grande et pompeuse des actions humaines, je saurois volontiers si nous nous en voulons servir pour argument de quelque prérogative, ou, au contraire, pour témoignage de notre imbécillité et imperfection : comme de vrai, la science de nous entre-défaire et entre-tuer, de ruiner et perdre notre propre espèce, il semble qu'elle n'a pas beaucoup de quoi se faire désirer aux bêtes qui ne l'ont pas.

» Quand est-ce qu'on voit un lion fort arracher la vie au faible, et en quel bois expire un sanglier sous l'effort de son compagnon, pour avoir les dents moins puissantes ?

» Je ne vois jamais cette divine description, qu'il ne m'y semble lire peinte l'ineptie et vanité humaine. Car ces mouvements guerriers, qui nous ravissent de leur horreur et épouvantement, cette tempête de sons et de cris, cette effroyable ordonnance de tant de milliers d'hommes armés, tant de fureur, d'ardeur et de courage ; il est plaisant à considérer par combien vaines occasions elle est agitée, et par combien légères occasions éteinte. Toute l'Asie se perdit et se consomma en guerres pour la fantaisie amoureuse d'un Pâris.

» Cléomènes disoit que quelque mal qu'on peut faire aux ennemis en guerre, cela étoit par dessus la justice, et non sujet à elle, tant envers les dieux qu'envers les hommes.

Et ayant fait trêve avec les Argiens pour sept jours, la troisième nuit après, il les alla charger tout endormis, et les défit, alléguant qu'en sa trêve il n'avoit pas été parlé des nuits.

» Quant à nous, nous tenons celui avoir l'honneur de la guerre qui en a le profit, et, après Lysander, disons que, où la peau du lion ne peut suffire, il y faut coudre un lopin de celle du regnard. »

MONTESQUIEU : « Une maladie nouvelle s'est répandue en Europe; elle a saisi nos princes et leur a fait entretenir un nombre désordonné de troupes. Elle a ses redoublements et elle devient nécessairement contagieuse, car sitôt qu'un État augmente ce qu'il appelle ses troupes, les autres, soudain, augmentent les leurs, de façon qu'on ne gagne rien par là que la ruine commune. Chaque monarque tient sur pied toutes les armées qu'il pourrait avoir si les peuples étaient en danger d'être exterminés, et on nomme Paix cet effort de tous contre tous. Aussi l'Europe est-elle si ruinée que les particuliers qui seraient dans la situation où sont les trois puissances de cette partie du monde les plus opulentes n'auraient pas de quoi vivre. Nous sommes pauvres avec les richesses et le commerce de tout l'Univers. La suite d'une telle situation est l'augmentation perpétuelle des tributs; et ce qui prévient tous les remèdes à venir, on ne compte plus sur les revenus, mais on fait la guerre avec son capital. Il n'est pas inouï de voir les États hypothéquer leurs fonds pendant la paix même et employer pour se ruiner des moyens qu'ils appellent *extraordinaires*, et qui le sont si fort que le fils de famille les imagine à peine. »   *(Esprit des Lois.)*

« Il faut se mettre dans l'esprit que, dans les villes grecques, surtout celles qui avaient pour principal objet la *guerre*, tous les travaux et toutes les professions qui pouvaient conduire à gagner de l'argent étaient regardées comme indignes d'un homme libre. »

(Esprit des Lois.)

« Il n'y a point d'État qui menace si fort les autres d'une conquête que celui qui est dans les horreurs de la guerre civile. Tout le monde, noble, bourgeois, artisan, laboureur y devient soldat; et lorsque, par la paix, les forces y sont réunies, cet État a de grands avantages sur les autres qui n'ont guères que des citoyens. D'ailleurs, dans les guerres civiles il se forme souvent de grands hommes, parce que dans la confusion ceux qui ont du mérite se font jour, chacun se place et se met à son rang ; au lieu que dans les autres temps on est placé et on l'est presque toujours tout de travers. Et pour passer de l'exemple des Romains à d'autres plus récents, les Français n'ont jamais été si redoutables au dehors qu'après les querelles des maisons de Bourgogne et d'Orléans, après les troubles de la Ligue, après les guerres civiles de la minorité de Louis XIII et celle de Louis XIV. L'Angleterre n'a jamais été si respectée que sous Cromwell, après les guerres du Long-Parlement. Les Allemands n'ont pris la supériorité sur les Turcs qu'après les guerres civiles d'Allemagne. Les Espagnols, sous Philippe V, d'abord après les guerres civiles pour la succession, ont montré en Sicile une force qui a étonné l'Europe, et nous voyons aujourd'hui la Perse renaître des cendres de la guerre civile et humilier les Turcs. »

(Grandeur et décadence des Romains.)

NAPOLÉON Ier : « Les braves militaires font la guerre et désirent la paix : celle-là ne dure-t-elle pas depuis six ans ? Avons-nous tué assez de monde et fait assez de maux à la triste humanité ?.... Cette sixième campagne s'annonce par des présages sinistres ; quelle qu'en soit l'issue, nous tuerons de part et d'autre quelques milliers d'hommes de plus, et il faudra bien que l'on finisse par s'entendre, puisque tout a un terme, même les passions humaines.

» Quant à moi, monsieur le général en chef, si l'ouverture que j'ai l'honneur de vous faire peut sauver la vie à un seul homme, je m'estimerai plus fier de la couronne civique que de la triste gloire qui peut revenir des succès militaires. » (Le général Bonaparte à l'archiduc Charles, 11 germinal, an V.)

« Qu'est-ce que la guerre ? Un métier de barbare, où tout l'art consiste à être le plus fort sur un point donné. »

(Napoléon Ier, 6 septembre 1812.)

« Après avoir présenté au monde le spectacle des grands combats, il sera plus doux de ne connaître désormais que la lutte sainte de la félicité des peuples. Si tels sont, comme j'en ai l'heureuse confiance, les sentiments personnels de Votre Majesté, le calme général est assuré pour longtemps, et la justice assise aux confins des États suffit seule pour en garder les frontières. » (Lettre aux rois coalisés, 4 avril 1815.)

« L'Angleterre et la France ont tenu dans leurs mains le sort de la terre, celui surtout de la civilisation européenne ; que de mal nous nous sommes fait, que de bien nous pouvions faire !

» Sous l'école de Pitt nous avons désolé le monde, et pour quel résultat ? Vous avez imposé quinze cents millions à la France et les avez fait lever par des Cosaques ; moi, je vous ai imposé sept milliards, et les ai fait lever de vos propres mains par votre Parlement ; et aujourd'hui même, après la victoire, est-il bien certain que vous ne succomberez pas sous une telle charge ?

» Avec l'école de Fox, nous nous serions entendus ; nous eussions accompli, maintenu l'émancipation des peuples, le règne des principes ; il n'y eût eu en Europe qu'une seule flotte, une seule armée ; nous aurions gouverné le monde, nous aurions fixé chez tous le repos et la prospérité, ou par la force ou par la persuasion.

» Oui, encore une fois, que de mal nous avons fait, que de bien nous pouvions faire ! » (Sainte-Hélène.)

NAPOLÉON III. « France de Henri IV, de Louis XIV, de Carnot, de Napoléon, toi qui fus toujours pour l'occident de l'Europe la source des progrès, toi qui possèdes les deux soutiens des empires, le génie des arts pacifiques et le génie de la guerre, n'as-tu plus de missions à remplir ? Epuiseras-tu tes forces et ton énergie à lutter sans cesse avec tes propres enfants ? Non ; telle ne peut être ta destinée : bientôt viendra le jour où, pour te gouverner, il faudra comprendre que ton rôle est de mettre dans tous les traités ton épée de Brennus en faveur de la civilisation. »

« Asseoir la paix, ce n'est pas maintenir pendant quelques années une tranquillité factice, c'est travailler à faire disparaître les haines entre nations en favorisant les intérêts, les tendances de chaque peuple ; c'est créer un équilibre équitable parmi les grandes puissances ; c'est, en un mot, suivre la politique de Henri IV, et non la marche désastreuse des Stuarts et de Louis XV. »

« On parle de combats éternels, de luttes interminables, et cependant il serait facile aux souverains de consolider la paix pour toujours ; qu'ils consultent les rapports et les mœurs des diverses nations entre elles, qu'ils leur donnent leur nationalité et les institutions qu'elles réclament, et ils auront trouvé la vraie balance politique. Alors tous les peuples seront fiers et ils s'embrasseront à la face de la tyrannie détrônée, de la terre consolée et de l'humanité satisfaite. »

« Plus le monde se perfectionne, plus les barrières qui divisent les hommes s'élargissent, plus il y a de pays que les mêmes intérêts tendent à réunir... Plus la civilisation a fait de progrès, et plus cette transformation s'est opérée sur une grande échelle.

» On se battait d'abord de porte à porte, de colline à colline ; puis l'esprit de conquête et l'esprit de défense ont formé des villes, des provinces, des Etats, et, un danger commun ayant réuni une grande partie de ces fractions territoriales, les nations se formèrent. Alors, l'intérêt national embrassant tous les intérêts locaux et provinciaux, on ne se battit plus que de peuple à peuple, et chaque peuple à son tour s'est promené triomphant sur le territoire de son voisin lorsqu'il a eu un grand homme à sa tête et une grande cause derrière lui.

» La commune, la ville, la province, ont donc l'une après l'autre agrandi leur sphère sociale et reculé les limites du cercle au delà duquel existe l'état de nature. Cette transformation s'est arrêtée à la frontière de chaque pays, et c'est encore la force, et non le droit, qui décide du sort des peuples...

» Si l'on jette un coup d'œil sur les destinées des diverses nations, on recule d'épouvante, et l'on élève alors la voix pour défendre les droits de la raison et de l'humanité. En effet, que voit-on partout ? Le bien-être de tous sacrifié, non aux besoins, mais au caprice d'un petit nombre. Partout deux partis en présence : l'un qui marche vers l'*avenir* pour atteindre l'utile ; l'autre qui se cramponne au *passé* pour conserver les abus. Là, on voit un despote qui opprime ; ici, un élu du peuple qui corrompt ; là, un peuple esclave qui meurt pour acquérir son indépendance ; ici, un peuple libre qui languit parce qu'on lui dérobe sa victoire. »

« J'aime à le proclamer, le temps des conquêtes est passé sans retour ; car ce n'est pas en reculant les limites de son territoire qu'une nation peut être honorée et puissante ;

c'est en se mettant à la tête des idées généreuses, en faisant prévaloir partout l'empire du droit et de la justice. »

2 mars 1854.

NICOLAS Ier. « Je ne désire pas la guerre, je l'abhorre. »

13 février 1854.

PAIXHANS. « Si, afin d'être fort, on entretient pendant la paix assez de soldats exercés pour être en état de faire la guerre, on ruine ses finances et on détruit les premiers éléments de la force. »

PASCAL. « Se peut-il rien de plus plaisant qu'un homme ait le droit de me tuer parce qu'il demeure au delà de l'eau et que son prince a querelle avec le mien, quoique je n'en aie aucune avec lui ? »

H. PASSY. « Les armées sont aujourd'hui le fardeau qui pèse le plus sur les grands Etats, dont elles épuisent les ressources. »

ROBERT-PEEL : « Le moment n'est-il pas arrivé où les puissances réduiront leurs établissements militaires, où elles pourront se dire entre elles : A quoi bon cette augmentation incessante des forces militaires ? Après tout, pourquoi une puissance augmenterait-elle considérablement sa marine ou son armée ? Cette puissance ne sait-elle pas que dans un intérêt de légitime défense les autres puissances en feront autant ?... Si tous les pays consultaient les ressources de leurs finances et celles des autres pays en Europe ; si tous les pays voulaient comparer les dangers d'une guerre avec les périls attachés à l'assujettissement du peuple à des taxes illégitimes, ils comprendraient bientôt que le danger attaché à ces préparatifs de défense est plus grand, plus imminent que celui d'une agression.»

(Chambre des Communes, 29 août 1841.)

QUINET : «Evoquerons-nous aujourd'hui des fantômes de Guyenne, de Normandie, de Bourgogne, de Champagne, de Franche-Comté, pour chercher les éléments d'un art novateur, et rangerons-nous en bataille ces mots glorieux contre l'esprit et le génie de notre temps. A Dieu ne plaise ! Les barrières qui séparaient les intelligences les unes des autres dans ces pays sont tombées; qui pourrait, qui voudrait les relever? Une même âme, une même vie, un même souffle parcourt aujourd'hui la France entière. Un même sang circule dans ce même corps. Au lieu de nous renfermer dans l'enceinte des opinions, des préjugés, des sentiments mêmes d'une partie quelconque de ce pays, il faut donc travailler à penser en commun avec lui. »

« Au sein de nos traditions locales, élevons-nous avec lui jusqu'à la conscience de ses destinées: c'est de ce point de vue seulement que nous pourrons, comme du sommet d'une haute tour, embrasser tout l'horizon moral de notre temps. Hommes de province, la France a grandi sur nos ruines. Ce sont nos débris qui ont fait son marchepied. Resterons-nous ensevelis sous le règne d'un passé qui n'est plus et qui ne doit pas renaître? Ou plutôt, ne nous convierons-nous pas les uns les autres à nous associer à ce génie de tous, et qui couvre nos discordes passées de ce grand nom de France? Cette question, il me semble, est résolue pour nous. En effet, dans cette assemblée, je cherche des provinciaux, je ne trouve que des Français. Mais si la conscience de ce pays, dans la suite de son histoire, s'est élevée par degré de la commune à la province, de la province à la France, je dis de plus que cette progression ne doit pas s'arrêter en ces termes. An effet, toute belle qu'elle est (et je vous supplie de ne pas vous méprendre sur la parole que je vais prononcer), toute resplendissante qu'elle est dans la famille des peuples, *la France n'est pourtant qu'une province de l'humanité;* et si nul d'entre nous ne consent à s'enfermer dans les habitudes d'esprit d'une fraction de territoire, par une raison semblable, ce pays tout entier aspire d'un même effort à sortir de ses propres liens pour connaître ce qui se passe hors de lui, et se confondre ainsi avec le génie du genre humain lui-même. Combien, à ce point de vue, l'esprit de Londres, de Paris, de Pétersbourg, de Philadelphie n'est-il pas encore provincial! Visitez ces grands rassemblements d'hommes, interrogez-les les uns sur les autres, vous verrez combien ils se connaissent mal, et combien, en vertu de cette ignorance, ils se décrient mutuellement. Querelles de district et de canton, dans le grand empire de la *civilisation moderne.* »

RAYNAL : « La manie d'avoir des troupes, cette fureur

qui, sous prétexte de prévenir les guerres, les allument; qui
en amenant le despotisme des gouvernements prépare de
loin la révolte des peuples, cette manie perdra tôt ou tard
l'Europe. Hormis les empires naissants et les moments de
crise, plus il y a de soldats dans un Etat, plus la nation
s'affaiblit; et plus la nation s'affaiblit, plus on multiplie les
soldats. »

J.-J. ROUSSEAU : « Il est facile encore de comprendre
que, d'un côté, la guerre et les conquêtes, et de l'autre, les
progrès du despotisme s'entr'aident mutuellement; qu'on
prend à discrétion, dans un peuple d'esclaves, de l'argent
et des hommes pour en subjuguer d'autres; que réciproquement la guerre fournit un prétexte aux exactions pé-
cuniaires, et un autre non moins précieux d'avoir toujours
de grandes armées pour tenir le peuple en respect. Enfin,
chacun voit assez que les princes conquérants font pour le
moins autant la guerre à leurs sujets qu'à leurs ennemis,
et que la condition des vainqueurs n'est pas meilleure que
celle des vaincus. *J'ai battu les Romains*, écrivait Annibal
aux Carthaginois, *envoyez-moi des troupes ; j'ai mis l'Italie
à contribution, envoyez-moi de l'argent*. Voilà ce que signi-
fiaient les *Te Deum*, les feux de joie et l'allégresse du peuple aux triomphes de ses maîtres. »

« Tel est le droit de guerre parmi les peuples savants,
bien unis et polis de l'Europe. On ne se borne pas à faire à
son ennemi tout le mal dont on peut tirer du profit; mais
on compte pour un profit tout le mal qu'on peut lui faire en
pure perte.

» Le patriotisme et l'humanité sont deux vertus incom-
patibles dans leur énergie, et surtout chez un peuple entier.
Cet accord ne s'est jamais vu; il ne se verra jamais, parce
qu'il est contraire à la nature. »

« Il n'y a plus aujourd'hui de Français, d'Allemands, d'Espagnols, d'Anglais même, quoi qu'on en dise, il n'y a que
des Européens. Tous ont les mêmes goûts, les mêmes passions, les mêmes mœurs, parce qu'aucun n'a reçu des for-
mes nationales par une constitution particulière. Tous, dans
les mêmes circonstances, feront les mêmes choses; tous se
diront désintéressés et seront fripons; tous parleront du bien
public et ne penseront qu'à eux-mêmes; tous vanteront la
médiocrité et voudront être des Crésus; ils n'ont d'ambition

que pour le luxe, ils n'ont de passion que celle de l'or. Sûrs
d'avoir avec lui tout ce qui les tente, tous se vendront au
premier qui voudra les payer. Que leur importe à quel maître ils obéissent, de quel État ils suivent les lois ! Pourvu
qu'ils trouvent de l'argent à voler et des femmes à corrom-
pre, ils sont partout dans leur pays. »

TACITE : « *Ubi manu agitur, modestia ac probitas no-
mina superioris sunt : ita, olim boni œquique Cherusci, nunc
inertes et stutti vocantur ; Cattis victoribus fortuna in sa-
pientiam cessit.* »   (Germanie.)

« Si l'on vient aux mains, la modération et le bon droit
sont attribués au plus fort. Ainsi la douceur et l'équité an-
tique des Chérusques sont appelés maintenant lâcheté et
sottise ; la fortune des Cattes victorieux est devenue sagesse. »   *(Germanie.)*

THUCYDIDE : « Dans la paix et au sein de la prospérité, les États et les particuliers ont un meilleur esprit,
parce qu'on n'a pas à souffrir de dures nécessités. Mais la
guerre, qui détruit l'aisance journalière de la vie, donne
des leçons de violence et rend conformes à l'âpreté des
temps les mœurs de la plupart des citoyens. »

VOLNEY : « Et il s'établira de peuple à peuple un équilibre de force qui, les contenant tous dans l'exercice de
leurs droits réciproques, fera cesser leurs barbares usages de
guerre, et soumettra à des voies civiles le jugement de
leurs contestations. »

VOLTAIRE : « C'est la guerre qui appauvrit nécessairement le trésor public, à moins que les dépouilles des
vaincus ne le remplissent. Depuis les anciens Romains, je
ne connais aucune nation qui se soit enrichie par des victoires. L'Italie, au seizième siècle, n'était riche que par le
commerce. La Hollande n'eût pas subsisté longtemps, si
elle se fût bornée à enlever la flotte d'argent des Espagnols,
et si les Grandes-Indes n'avaient pas été l'aliment de sa
puissance. L'Angleterre s'est toujours appauvrie par la
guerre, même en détruisant les flottes françaises, et le commerce seul l'a soutenue. Les Algériens, qui n'ont guère que

ce qu'ils gagnent par les pirateries, sont un peuple très misérable.

» Parmi les nations de l'Europe, la guerre, au bout de quelques années, rend le vainqueur presque aussi malheureux que le vaincu ; c'est un gouffre où tous les canaux de l'abondance s'engloutissent ; l'argent comptant, ce principe de tous les biens et de tous les maux, levé avec tant de peine dans les provinces, se rend dans les coffres de cent entrepreneurs, dans ceux de cent partisans qui avancent les fonds, et qui achètent par avance le droit de dépouiller la nation au nom du souverain. Les particuliers alors regardent le gouvernement comme leur ennemi, enfouissent leur argent, et le défaut de circulation fait languir le royaume. »

«Faibles et insensés mortels que nous sommes, qui raisonnons tant sur nos devoirs, qui avons tant approfondi notre nature, nos malheurs et nos faiblesses, nous faisons sans cesse retentir nos temples de reproches et de condamnations ; nous anathématisons les plus légères irrégularités de la conduite, les plus secrètes complaisances des cœurs ; nous tonnons contre des vices, contre des défauts, condamnables il est vrai, mais qui troublent à peine la société. Cependant quelle voix chargée d'annoncer la vertu s'est jamais élevée contre ce crime si grand et si universel, contre cette rage destructive qui change en bêtes féroces des hommes nés pour vivre en frères ; contre ces déprédations atroces, contre ces cruautés qui font de la terre un séjour de brigandage, un horrible et vaste tombeau ?

» Des bords du Pô jusqu'à ceux du Danube, on bénit de tous côtés, au nom du même Dieu, ces drapeaux sous lesquels marchent des milliers de meurtriers mercenaires à qui l'esprit de débauche, de libertinage et de rapine a fait quitter leurs campagnes ; ils vont et ils changent de maîtres ; ils s'exposent à un supplice infâme pour un léger intérêt ; le jour du combat vient, et le soldat attend avec avidité le moment où il pourra, dans le champ du carnage, arracher aux mourants quelques malheureuses dépouilles qui lui sont enlevées par d'autres mains. »

» Pourquoi est-on en guerre depuis si longtemps? et pourquoi commet-on ce crime sans aucun remords? On fait la guerre uniquement pour moissonner les blés que

d'autres ont semés, pour avoir leurs moutons, leurs chevaux, leurs bœufs, leurs vaches et leurs petits meubles :
c'est à quoi tout se réduit; car c'est là le seul principe de
toutes les richesses. Charlemagne fit la guerre trente ans
aux pauvres Saxons pour un tribut de cinq cents vaches.
Aujourd'hui même encore, un héros à une demi-guinée par
jour, qui entre avec des héros subalternes à quatre ou cinq
sous, au nom de son auguste maître, dans le pays d'un autre
auguste souverain, commence par ordonner à tous les cultivateurs de fournir bœufs, vaches, moutons, foin, pain,
vin, bois, linge, couvertures, etc. Dans toutes les guerres,
depuis celle de Troie jusqu'aux nôtres, il ne s'agit que de
voler.

» J'ai dit que toutes les horreurs qui marchent à la suite
de la guerre sont commises sans le moindre remords. Rien
n'est plus vrai. Nul ne rougit de ce qu'il fait de compagnie.
Chacun est encouragé par l'exemple : c'est à qui massacrera, à qui pillera le plus : on y met sa gloire.

» Le plus déterminé des flatteurs conviendra sans peine
que la guerre traîne toujours à sa suite la peste et la famine, pour peu qu'il ait vu les hôpitaux des armées d'Allemagne et qu'il ait passé dans quelque village où il se sera
fait quelque grand exploit de guerre.

» C'est sans doute un très bel art que celui qui désole les
campagnes, détruit les habitations et fait périr, *année commune, quarante mille hommes sur cent mille.* Cette invention fut d'abord cultivée par des nations assemblées pour
leur bien commun; par exemple, la diète des Grecs déclara
à la diète de la Phrygie et des peuples voisins qu'elle allait
partir sur un millier de barques de pêcheurs, pour aller les
exterminer si elle pouvait. — Le peuple romain assemblé
jugea qu'il était de son intérêt d'aller se battre avant moisson contre le peuple de Véies ou contre les Volsques. Et
quelques années après tous les Romains, étant en colère
contre tous les Carthaginois, se battirent longtemps sur
mer et sur terre.

» Il n'en est pas de même aujourd'hui. Un généalogiste
prouve à un prince qu'il descend en droite ligne d'un
comte dont les parents avaient fait un pacte de famille il y
a trois ou quatre cents ans avec une maison dont la mémoire même ne subsiste plus. Cette maison avait des prétentions éloignées sur une province dont le dernier pos-

sesseur est mort d'apoplexie. Le prince et son conseil voient son droit évident. Cette province, qui est à quelques centaines de lieues de lui, a beau protester qu'elle ne le connaît pas, qu'elle n'a nulle envie d'être gouvernée par lui; que, pour donner des lois aux gens, il faut au moins avoir leur consentement; ces discours ne parviennent pas seulement aux oreilles du prince dont le droit est incontestable. Il trouve incontinent un grand nombre d'hommes qui n'ont rien à perdre; il les habille d'un gros drap bleu à cent dix sous l'aune, borde leurs chapeaux avec du gros fil blanc, les fait tourner à droite et à gauche, et marche à la gloire.

» Les autres provinces qui entendent parler de cette équipée, y prennent part, chacune selon son pouvoir, et couvrent une petite étendue de pays de plus de meurtriers mercenaires que Gengiskan, Tamerlan, Bajazet n'en traînèrent à leur suite. Des peuples assez éloignés entendent dire qu'on va se battre, et qu'il y a cinq ou six sous par jour à gagner pour eux, s'ils veulent être de la partie; ils se divisent aussitôt en deux bandes comme des moissonneurs, et vont vendre leurs services à qui veut les employer. Ces multitudes s'acharnent les unes contre les autres, non-seulement sans avoir aucun intérêt au procès, mais sans savoir même de quoi il s'agit. On voit à la fois cinq ou six puissances belligérantes, tantôt trois contre trois, tantôt deux contre quatre, tantôt une contre cinq, se détestant toutes également les unes les autres, s'unissant et s'attaquant tour à tour; toutes d'accord en un seul point, celui de faire tout le mal possible.

» Le merveilleux de cette entreprise infernale, c'est que chaque chef des meurtriers fait bénir ses drapeaux et invoque Dieu solennellement avant d'aller exterminer son prochain. Si un chef n'a eu que le bonheur de faire égorger deux ou trois mille hommes, il n'en remercie point Dieu; mais lorsqu'il y en a eu environ dix mille d'exterminés par le feu et par le fer, et que, pour comble de grâce, quelque ville a été détruite de fond en comble, alors on chante à quatre parties une chanson assez longue, composée dans une langue inconnue à tous ceux qui ont combattu, et de plus toute farcie de barbarismes. »

« Ne faudra-t-il pas signer la paix après la guerre? Que ne le fait-on tout d'un coup? »